Faut-il être normal ?

Du même auteur

Vivre après l'inceste : haïr ou pardonner, Desclée de Brouwer, 2004.

Amour et violence : le défi de l'intimité, Odile Jacob, 2006.

Les Blessures de l'intimité, Odile Jacob, 2010.

Apprivoiser la vie, imploser, exploser… ou rebondir, Michel Lafon, 2011.

Dr Roland Coutanceau

Faut-il être normal ?

Parano – Mégalo – Pervers narcissique –Phobique
Hystérique – Bipolaire – Hypocondriaque
Apprenez à gérer votre personnalité

Avec la collaboration d'Emmanuel Haymann

MARABOUT

Connais toi toi-même.
Socrates[1]

1. Inscription gravée au fronton du temple de Delphes, figurant dans les enseignements socratiques transmis par Platon, et reprise par Montaigne au XVIe siècle de notre ère.

En guise d'introduction

Pour une psychologie du quotidien

Normal, vous avez dit normal ? Si la médecine décrit aisément les affections mentales, elle peine à définir la « normalité ». Celle-ci n'est pas obligatoirement un long fleuve tranquille, nous avons tous nos angoisses, nos névroses, nos manies, nos phobies, nos obsessions ; bref, nos traits de caractère, notre personnalité. Les psys des pays latins ont finalement choisi de faire l'économie de la normalité : ils préfèrent décrire ce qui ne va pas, c'est tellement plus simple ! Tout se passe comme si la normalité échappait à une description propre, comme si les psys éprouvaient une répugnance à théoriser cette question. Pourquoi ? Parce qu'on préfère considérer que chaque être est singulier, et dans ce cas définir une normalité serait réducteur et conformiste.

Est-il pertinent de théoriser la normalité, si large dans son essence ? Ne faut-il pas plutôt aborder de manière singulière chaque être humain ?

Les psys anglo-saxons, eux, à travers un courant appelé la psychologie positive, sont tentés d'attribuer quelques caractéristiques à la normalité. Pour la première fois, on a essayé de cerner, de nommer les spécificités de personnalités positives, celles qui sont souvent de bonne humeur, optimistes, gentilles, généreuses, ouvertes aux autres. Eh oui, ça existe ! La psychologie positive tente donc de définir les qualités positives de la normalité.

Pourquoi cette tendance plutôt souriante a-t-elle moins droit de cité chez nous ? Les raisons sont multiples, bien sûr. On craint la schématisation, on redoute aussi une « norme normée », si j'ose dire. En effet, dès le moment où l'on définit les qualités positives de la normalité, que penser des autres, de ceux qui sont dépourvus de ces qualités devenues essentielles ? Seraient-ils obligatoirement « anormaux » ? On n'est pas loin du jugement moral : il serait bien, il serait souhaitable d'entrer dans cette « norme normée », ceux qui s'en éloigneraient devraient être stigmatisés.

En France, le psy a donc un peu tendance à refuser le tracé d'une norme, d'une morale, mais en même temps peut-on vraiment s'en passer ? Quand le psy évalue le comportement de son patient, peut-il évacuer totalement la question des valeurs : gentillesse versus méchanceté, courage versus lâcheté, générosité versus pingrerie ?

Cela dit, chez nous ou dans les pays anglo-saxons, le psy dans toutes ses déclinaisons – psychiatre, psychanalyste, psychologue – est-il bien équipé pour déceler, améliorer, apaiser ces traits de caractère toujours complexes, souvent mouvants, parfois cachés, qui nous animent tous ?

En termes de psy, cette évaluation de la personnalité s'appelle la psychopathologie, un domaine qui reste incertain.

D'ailleurs, nous faisons tous de la psychopathologie sans le savoir. Quand nous qualifions, évaluons, jugeons notre conjoint, notre collègue de travail, notre patron, notre voisin, quand nous nous qualifions nous-mêmes parfois, nous utilisons souvent, et de plus en plus, des termes volés aux psys. Parano, mégalo, phobique, hystérique, obsessionnel, pervers narcissique… ces « diagnostics » lancés à la volée décrivent des tendances, mais avec la fâcheuse conséquence de faire croire que ces tendances sont des états figés, immuables.

Une tendance de caractère est-elle réellement fixe ? Vous connaissez peut-être quelqu'un de pingre autour de vous… Il y aurait donc les généreux et les radins, les altruistes et les égoïstes ? Ce serait trop simple. En observant le pingre de votre entourage, vous constaterez peut-être qu'il est parcimonieux avec ses amis, mais dispendieux avec sa femme, ou le contraire… Tel collègue de bureau est vu par les autres comme un individu égoïste, indifférent à l'institution, qui n'a pas le sens de l'équipe. C'est possible, mais avec certains n'a-t-il pas toujours été soutenant ?

Chacun de nous a une expérience particulière et personnelle de l'autre, et de lui-même ! En fait, le même trait de caractère ne s'actualise pas dans tous les domaines et dans toutes les situations. Plus on pénètre dans le registre de la normalité, et plus le terrain est changeant. Faut-il avoir une conception statique de l'ego ? Certaines personnalités peuvent changer, évoluer, se transformer. D'autres, en revanche, restent davantage figées.

On est réservé ou extraverti, on est rigolo ou un peu plus sombre. La définition de ces traits ne suffit pas, encore faut-il en mesurer la variabilité dans l'intensité, toute la subtilité de l'analyse est là. Pour chaque cas, des définitions psys existent, mais elles ne nous aident pas totalement à mesurer la force du trait de caractère, elles ne peuvent pas plus nous indiquer si le sujet peut changer ou non, si le trait s'intensifie chez certains et se calme chez d'autres.

Par exemple, celui-là peut ne pas être parano avec tout le monde, il sera peut-être inquiet et angoissé dans le domaine de la jalousie seulement, et très apaisé avec ses collègues de travail.

Certes, il y a des tendances de la personnalité, mais la normalité ne serait-elle pas, justement, de tenir en laisse certains traits de caractère pour en limiter l'intensité ?

Sur les termes capables de définir un caractère, la psychologie, prise au sens large, lance des définitions un peu statiques, parfois trop globales. Je crois, en revanche, qu'au moment de brosser le portrait d'un individu, il est nécessaire de le faire à la manière d'un romancier, ce peintre de caractère, en mettant des reliefs, des profondeurs, des ombres, des lumières, du délicat, du subtil. On aura soin d'éviter la caricature, cette tentation humaine permanente quand il s'agit de dépeindre l'autre.

Les psys nous aident dans cette quête en nous fournissant des éléments de mécanismes, cependant il va falloir non seulement manier l'art de l'évaluation, mais jauger la lucidité du sujet. Un parano qui se sait parano n'est pas aussi atteint qu'un parano qui nie son état.

Tout cela explique la complexité de la vie quotidienne. Comment passer de la représentation clinique des traits de caractère en général à la description d'un être humain bien réel et concret ? Il y a dans cette psy-là un peu de l'art de l'écrivain ou du dramaturge pour mettre l'individu en perspective, le relativiser, le complexifier. Le discours psy ne nous donne que des mécanismes, et c'est déjà énorme. Ensuite, il va falloir porter sur l'âme humaine un regard plus fin, avec un zeste de relativisation et de non-systématisation.

Apprenons à dresser le portrait juste de celui ou celle que l'on aime, de notre proche ou de notre collègue de travail, ou de nous-mêmes si nous souhaitons mieux nous cerner… Les clés que nous donnent les repérages psys ne vont pas être suffisantes, il faut encore savoir comment décoder les mécanismes repérés chez l'autre ou chez soi-même. Que va-t-on utiliser dans ce travail ? Le regard d'ensemble et l'intelligence du contraste, tout un tas de choses qui vont nous aider à démontrer que les gens dits normaux possèdent des traits de caractère avec lesquels ils pianotent, avec lesquels ils peuvent jouer, dont ils sont conscients et dont ils peuvent parler… Avec eux, issus de la normalité, le commerce est plus fluide, plus diplomatique, plus positif qu'avec ces individus redoutés, massifs, statiques, rigides, ancrés dans leur caractère, dénués d'une dose minimale d'autocritique.

Le repérage opéré par les psys demeure un peu flou, intéressant certes, mais incapable de nous livrer le dernier mot sur un caractère. Encore une fois, « évaluation » reste le maître-mot. Décrire des traits présents chez une personne est facile, évaluer la densité de ces traits demeure nettement plus complexe. Pour cela, il faut posséder des connaissances pour décoder les mécanismes, porter un juste regard… Cela devrait nous amener à ne pas utiliser des mots de psy pour caricaturer nos collègues, notre famille ou notre propre personnalité.

Si vous vous reconnaissez trop vite dans un trait, ne vous inquiétez pas : tout est affaire de contrastes. Mais il faut savoir mener sa propre analyse. En me connaissant mieux moi-même, je décode mieux les mécanismes de caractère chez les autres…

Par ce livre, je voudrais aider le lecteur au « connais-toi toi-même » cher à Socrate, mais en utilisant et en expliquant les termes psys entrés un peu par effraction dans le langage courant. Comment aborder la question de la normalité ?

On va y accéder à la fois par la manière dont elle est véhiculée dans le champ social et par la façon dont elle est traitée dans l'univers psy.

Mais la normalité reste souvent énigmatique parce qu'on peut être normalo-terne, normalo-conformiste, normalo-transparent, et puis on peut être normal et posséder des qualités particulières qui vont donner un peu de relief, de caractère à un individu. De celui-là, on dira : il est un peu fade. De tel autre, on constatera : il a du tempérament. Bref, deux manières de vivre sa normalité.

On a beaucoup utilisé le concept de normalité à propos des deux derniers présidents de la République, Nicolas Sarkozy et François Hollande. On a là une première indication, au-delà des personnages de ces hommes politiques. Ces deux caractères illustrent une manière très vivante de situer la normalité dans ce qu'on pourrait appeler la psychologie de masse. Mon propos n'est évidemment pas de définir réellement ces deux personnalités, mais uniquement de constater ce qu'on en dit… qui n'est pas forcément la vérité. Cette précaution étant prise, on s'aperçoit facilement que le contraste entre l'un et l'autre émerge de façon tout à fait pertinente pour soutenir notre propos. D'un côté, on trouve un leader comme Sarkozy dont certains sont allés jusqu'à penser et clamer qu'il souffrait de troubles du comportement. En effet, on peut estimer qu'il se montre peut-être parfois colérique, parfois susceptible, parfois piquant, parfois un peu explosif. L'hebdomadaire *Marianne* allait jusqu'à titrer en couverture : « Sarkozy est-il fou ? » Bien sûr, il n'est pas fou, mais il a un tempérament volcanique. En même temps, c'est un sujet à qui on attribue une capacité de leadership, de gestion des crises, d'entraînement mobilisateur. À entendre la vox populi, on serait face à un personnage charismatique… mais caractériel. Encore une fois, je ne parle pas de l'homme, mais de l'image que le public a de lui.

D'un autre côté, on se trouverait, avec François Hollande, face à quelqu'un qui, a contrario, n'aurait pas de traits de caractère criants, quelqu'un de calme, de souriant, d'affable, qui semble en permanence contrôlé, qui aurait une humeur stable, qui traduirait ainsi tous les aspects de la normalité… En réalité, l'un n'est peut-être pas si « caractériel » que l'on croit, l'autre n'est sans doute pas si « normal » que l'on suppose, mais c'est ainsi qu'ils ont été perçus.

Ce qui me fascine dans cette manière sociétale de traiter la normalité, c'est la façon de la définir par défaut. On sait ce que la normalité n'est pas… L'être présenté comme « normal » n'est ni trop renfermé, ni trop expansif, assez peu impulsif et peu colérique. On trouve là un aspect fondamental dans notre recherche : les éléments immédiatement visibles face à un individu. En effet, en présence d'un inconnu, on saisit d'emblée s'il est timide ou, au contraire, un peu théâtral, s'il est caractériel ou contrôlé, s'il est d'humeur neutre ou de tendance euphorique…

Mais attention, il existe aussi des traits invisibles, en tout cas moins évidents, des défauts ou des qualités plus difficiles à déceler, et qui vont apparaître sur le plus long terme, dans une relation suivie, au cœur de la vie de couple ou au bureau. La peinture des caractères se fait alors plus affinée, avec un ancrage dans la subtilité et la finesse qui se révèle capital pour définir réellement une personnalité.

Certains traits de caractère sont d'emblée lisibles et repérables chez les autres. En revanche, la subtilité et la profondeur ne vont apparaître que dans la proximité.

On approche ainsi une définition de la normalité : elle surgirait quand rien n'accroche le regard et l'esprit, quand rien n'inquiète ni n'alarme. Mais voilà l'autre côté du miroir, celui de la démesure, de l'excès dans le trop-plein ou le repli. D'un côté, des sujets très introvertis, renfermés sur eux-mêmes, exagérément timides ; de l'autre, des personnalités expansives, théâtrales, les Luchini ou les Depardieu, tous ces extravertis qui attirent notre regard.

Les célébrités nous offrent d'ailleurs un champ d'exploration fructueux : people qui expriment une espèce de plaisir de la vie, qui nous semblent optimistes, ou people qui nous donnent une image un peu plus blues de l'existence, ou encore people qui font des éclats, qui s'en prennent aux journalistes, qui quittent le plateau de télévision dans la colère et le fracas. Ici, une partie lisible du caractère de la personnalité apparaît en première intention... Et nous pouvons ainsi apprendre à affûter notre regard. En effet, certains se montrent relativement normaux et d'autres nous frappent d'emblée par une exclamation, une attitude, un geste, autant d'éléments parfois indéfinissables, parfois plus évidents, sur lesquels on va vouloir mettre un mot, une définition, une caractéristique.

On comprend aisément que cette observation de l'immédiat a ses limites. Il est relativement facile de savoir si votre interlocuteur est introverti ou extraverti, s'il est déprimé ou d'humeur stable, s'il se contrôle ou s'il explose, mais comment savoir s'il est généreux, courageux, ouvert aux autres ? Dans ces domaines plus flous, l'observateur peut craindre de voir son jugement influencé par sa propre subjectivité. Si la qualité que l'on va attribuer à l'autre possède une dimension morale, le risque est grand de se laisser emporter par la subjectivité et l'humeur.

Dès que le trait glisse vers ce qui pourrait apparaître comme un jugement de valeur, on risque de s'approcher de la caricature et d'un regard abusivement simplificateur.

Les psys, qu'ont-ils à leur disposition pour définir les âmes ? Des mots. Des mots qui traduisent des problématiques, mais qui sont passés dans le langage courant. Dans la relation à l'autre, on peut être très timide, phobique, extraverti, hystérique, caractériel, narcissique, impulsif, colérique, psychopathe… Si l'on plaque de manière incohérente des mots sur le comportement de l'autre, on fige, on gèle, on caricature des attitudes.

Car ces mots que chacun emprunte, ces mots qui se sont infiltrés dans la culture ne charrient que du négatif, mais ne peuvent-ils pas véhiculer aussi quelques aspects positifs ?

En tout cas, dans une approche première, ils expriment tous le contraire de la normalité. On étiquette les gens en mettant en exergue leurs défauts, leur « anormalité » ! Ainsi, à la recherche d'une définition de la normalité, on va avoir tendance à stigmatiser ce qui semble hors de la normalité. L'être humain éprouve un grand plaisir à tirer sur les points fragiles, les failles des autres, une jouissance à étiqueter les petits défauts de son prochain pour s'en moquer, les railler, les ridiculiser…

Ces termes, trop employés, trop usés, une fois dégrossis et présentés plus finement, prendront une signification plus subtile. Les traits de caractère qu'ils définissent ne sont pas toujours aussi négatifs que l'on pourrait croire : tout dépend de leur intensité. Souvent ces mots ont une face à la fois cachée et positive. Par exemple, un extraverti peut être séducteur, une réelle qualité dans certaines professions et dans quelques moments de la vie. De la même manière, un parano peut l'être de façon excessive, mais ne pas être méfiant du tout dans le rapport à l'autre, se montrer naïvement confiant, n'est-ce pas apparaître comme une bonne poire ? Et celui qui s'obstine vétilleusement à maîtriser ses dépenses, est-il économe ou radin ? Celui qui se montre parfaitement organisé, est-il méthodique ou maniaque ? On voit qu'en jouant du regard et en essayant de mettre de l'intensité, la définition prend un nouvel aspect, change, flamboie ou s'éteint. Ces traits qui, à première vue, semblent colorés de négatif, doivent être observés de façon plus fine.

De ces réflexions découle une question essentielle : la normalité est-elle forcément positive ? On peut être normal en apparence, mais exagérément conforme, donc perméable à l'ambiance… La normalité peut être un conformisme !

Dans un contexte difficile, certaines personnes refuseront de s'opposer à qui que ce soit, à quoi que ce soit. La normalité prend alors la forme d'un conformisme moutonnier.

Une autre forme de normalité peut être critiquée, celle de la fadeur, du sans-relief, celle que le langage populaire attribue à *Mister Nobody*, monsieur Personne… Qui est-il ? Quelqu'un qui semble normalo-normal, mais au sens de lisse, terne, monochrome, sans saveur. Serait-il capable de se révolter s'il le fallait ? Sera-t-il capable de s'imposer ? On connaît le politiquement correct, voici le « comportementalement » correct. Finalement dans le défi de la vie, il faut parfois sortir de la normalité pour manifester une opposition, prendre la défense d'un collègue, séduire une personne, soutenir un ami… La normalité « lisse » n'est que normalité en apparence. Il faut se risquer alors à décrire des caractéristiques du fonctionnement psychique humain, plus délicates à manier… Être gentil plutôt que méchant sera intégré dans la normalité, mais on peut être subtilement méchant sans déployer les évidences de la méchanceté. Va-t-on ranger la gentillesse sur l'étagère de la normalité ? Et le courage ? Jetons un regard derrière la normalité apparente, on va y trouver aussi bien des qualités cachées, invisibles au premier abord, que des défauts enfouis. Quelqu'un peut revêtir tous les atours de la normalité et se montrer instable ou peu fiable, se révéler indolent ou velléitaire.

Je compare souvent le psychisme à une sphère où sont disposés des caractères positifs et négatifs. Si l'on éclaire puissamment cette sphère, on en voit les trois quarts, on voit donc beaucoup de choses de l'autre et de soi-même, mais il reste tout de même une face inconnue : celle qui n'est pas éclairée, la face sombre, la face noire. Cette face noire peut être positive, ce qui est caché n'est pas forcément négatif : c'est ainsi que se révèlent sur le long terme les amours heureuses et les collaborations professionnelles réussies.

Face à la normalité, difficilement définissable, la folie, que chacun pense simple à traquer, se montre parfois aussi fuyante. Que veut-on signifier quand, dans le langage populaire, on dit de celui-là qu'il est dingue, qu'il a un grain ?

Dans ces formules, je distingue trois niveaux.

— Premier niveau, le plus simple pour le psychiatre : la personne est folle, effectivement, elle est atteinte d'une maladie mentale étiquetée et avérée, elle est schizophrène, elle est délirante. Ici, la folie est une vraie maladie, une maladie qui peut se soigner.

— Deuxième niveau : nous sommes face à des faits qui nous choquent, face à des comportements extrêmes. On entre dans le champ des faits divers, avec les assassins, les violents, les agressifs. Et, en allant un peu plus loin, les grandes images médiatisées qui ont choqué l'opinion publique, les serial killers, les meurtriers de masse, les terroristes. Pour le commun des mortels, le mot « folie » s'applique à certains êtres humains à cause de leurs excès de violence. Or ces gens, dont le comportement est fou, ne sont pas fous le plus souvent, ce sont des sujets souffrant de troubles de la personnalité. Nous en reparlerons…

— Troisième niveau : celui d'une folie plus proche de nous, plus ancrée dans notre quotidien. Nous avons tous croisé de ces personnages compliqués qui favorisent les crises, qui vont agacer tout le monde, embrouiller la vie des autres, se complaire dans les intrigues… On dit facilement de ceux-là qu'ils ne sont pas normaux, qu'ils sont « complètement fous ».

Ces trois niveaux ne sont pas différents en quantité, mais en qualité, ce sont trois formes de la folie vue par le champ social : maladie mentale, comportements destructeurs et personnalités difficiles.

Dans le troisième niveau, le plus fréquent, intervient la notion fondamentale de l'intensité. Nous nous trouvons ici face à des gens qui ne sont pas des malades mentaux, qui n'ont pas de comportements destructeurs, mais qui pourrissent la vie des autres – et/ou la leur – dans le quotidien, dans la famille, dans le travail.

Le curseur d'intensité est indispensable, sinon comment faire la différence entre un chef un peu tatillon et un autre carrément sadique ?

Prenons l'exemple d'un sujet juste un peu maniaque. Si l'on vit avec lui, si on partage le même bureau, on voit qu'il est malheureux lorsque l'on perturbe ses petites habitudes de rangement. En revanche, s'il est très obsessionnel, il va commencer à nous persécuter parce que la moindre de nos attitudes va l'irriter et compliquer sa maniaquerie. Et puis, poussons encore un peu le curseur, le côté maniaque devient très puissant, la personne est invivable tant sa maniaquerie est prenante, dominante.

Je me souviens d'un patient qui m'a raconté à quel point sa compagne ne supportait pas la poussière… Elle mettait des bâches sur les coussins, sur les sièges, sur les fauteuils, sur les tables. L'obsession de la poussière et des microbes devenait tellement folle que, au sens littéral, vivre avec cette personne devenait impossible. En définitive, mon patient a fui cette bulle aseptisée.

Au fond, tout est là, dans cette faille étrange qui fait sombrer un esprit humain de l'ordre dans la manie, de la propreté dans l'obsession. Un parcours que nous allons tenter de suivre et de comprendre…

Première partie

Les mots psys du langage courant

— Elle m'a fait une scène, elle est complètement hystérique !

— Tu crois que tout le monde t'en veut… Tu ne serais pas un peu parano ?

— Il se croit le meilleur, quel mégalo !

— Il a peur de tout, un vrai phobique !

— Il fait la gueule ou il est déprimé ?

— Ce qu'il dit n'a aucun sens, je crois qu'il est schizo !

Ces lambeaux de phrases semblent volés au bar du café du Commerce, tant ces mots empruntés aux psychiatres, psychanalystes ou psychologues ont trop bien réussi et sont entrés dans le langage courant. Par ces termes tirés d'un lexique médical, veut-on sous-entendre que la normalité a dérapé ou lance-t-on simplement des jugements à l'emporte-pièce sans vraiment en mesurer la signification ? Or on peut « péter les plombs » sans être hystérique, on peut être sûr de soi sans être mégalo, on peut s'inquiéter du regard de l'autre sans être parano, on peut être timoré sans être phobique, on peut avoir le cafard sans être déprimé, on peut s'exprimer confusément sans être schizo… Comme tout ce qui touche à l'âme humaine, la frontière entre la norme et la folie est affaire de nuances, de distinguos, de subtilités.

Au fond, connaît-on vraiment la signification de ces termes entrés par effraction dans le langage courant ? Quand viennent-ils simplement caractériser une douce manie ? À quel moment désignent-ils réellement une pathologie ? Pour connaître le sens et les degrés de ces mots célèbres et mal connus, suivez-moi dans une plongée vérité dans le vocabulaire des psys…

I

Phobie et hystérie : de l'ombre aux sunlights

Phobie et hystérie, deux notions parallèles, avers et revers d'une même médaille, deux contraires qui s'opposent et s'expliquent conjointement. Dans sa compréhension immédiate, rapide, la phobie représente la timidité, l'introversion. L'hystérie, en revanche, véhicule la théâtralisation, l'extraversion.

La relation sociale demande de nous mesurer à l'autre, d'affronter l'autre, d'entrer en rapport avec l'autre. Chacun se confrontera au différent selon son caractère, ses peurs, ses angoisses, ses particularités : réserve, assurance ou exubérance. En d'autres termes : phobie, normalité ou hystérie.

La timidité comme phobie sociale

Bien sûr, il existe de nombreuses phobies : phobie de l'avion, phobie du vide, phobie des animaux, phobie de l'obscurité, phobie de la foule, phobie des espaces clos… Toutes ces peurs sont liées à un manque global d'assurance face à la vie, mais elles restent souvent limitées et discrètes. Je me souviens d'un patient phobique de la foule lorsqu'il était seul, mais qui pouvait affronter la multitude s'il était accompagné d'un ami. Pourtant, il arrive qu'une phobie devienne un véritable handicap… Ce joueur de foot hollandais se montrait phobique de l'avion : pour tenir ses engagements internationaux, il devait prendre le train ou la voiture alors que son équipe s'envolait sur les lignes régulières. Difficile et compliqué quand le match devait se dérouler loin de chez lui !

On voit donc qu'il est parfois nécessaire de diagnostiquer et de traiter ces phobies liées à des situations spécifiques, mais la phobie la plus visible, la plus évidente, le plus quotidienne pour ceux qui en souffrent reste la phobie sociale, c'est-à-dire la timidité.

La plupart des êtres humains ont maîtrisé plus ou moins rapidement dans leur existence la manière d'être à l'aise avec les autres. Mais que se passe-t-il quand cette maîtrise ne s'est pas mise en place ?

La peur des autres, la peur du regard des autres, la peur du jugement des autres est un handicap, elle interdit l'action : un sujet maladivement timide a du mal à conquérir une femme, du mal à demander un emploi, peur simplement de nouer des relations sociales.

La timidité est une peur paralysante, en écho avec une tonalité névrotique, qui se nourrit sur un fond d'autodévalorisation.

On a peur de demander, peur de parler, peur d'être regardé… Très généralement, ces peurs sont liées à l'inconnu : tous les êtres humains se familiarisent finalement avec leurs proches, avec leurs relations habituelles. La peur est souvent liée à l'inconnu qui surgit sur notre échiquier social.

La question essentielle à se poser est la suivante : pourquoi suis-je timide avec quelqu'un que je ne connais même pas ? Il s'agit ici de la peur d'un individu, une peur attachée au jugement de l'autre par crainte d'être dévalorisé.

Et puis, il y a la phobie devant le groupe, devant la multitude anonyme. Nous avons tous des souvenirs scolaires puis de vie sociale… La première fois où il a fallu parler devant une classe, la première fois où nous avons dû faire face à un petit auditoire, la première fois où nous avons présenté un projet devant les collègues…

Personnellement, je me souviens qu'à la faculté, alors que j'étais jeune externe, j'ai dû présenter un cas clinique devant une cinquantaine d'étudiants et un professeur un peu rigide… Quelle angoisse ! Et puis, avec la vie, je suis parvenu tant bien que mal à m'exprimer d'abord devant un petit groupe, puis devant un amphithéâtre bondé, et enfin à la télévision… Je me rappelle mon premier passage télé, j'étais tellement tendu, des dizaines de milliers de regards m'observaient ! Plus tard, j'ai appris à faire abstraction de ces yeux invisibles qui me scrutaient de l'autre côté de l'objectif. En fait, il faut oublier ! Oublier le regard de l'autre, oublier aussi la caméra inquisitrice.

La phobie sociale, qui peut être de degré variable, est très fréquente, parfois momentanée, parfois évolutive.

Se montrer extrêmement phobique est problématique, certes, mais être réservé peut être une qualité dans certaines situations : si l'anxiété est un trait phobique, ses contrepoints, la sobriété, la réserve, peuvent être des atouts. Chacun a son niveau de phobie dans son histoire, très rares sont les personnalités immédiatement à l'aise avec tout le monde et dans toutes les situations. Dans mon cabinet, j'ai entendu toutes les variations de cette phobie.

— Je suis à l'aise avec mes camarades de classe, mais pas avec mes professeurs.

— Je suis à l'aise avec mes professeurs habituels, mais pas avec ceux qui me font face au moment de l'examen.

— Je suis à l'aise avec mes camarades garçons mais pas avec les filles.

D'ailleurs, la timidité psychosexuelle est un bon marqueur des variables de la phobie sociale.

— Je suis mal à l'aise avec les filles en général, disent certains.

— Je suis mal à l'aise avec certaines filles, mais je ne comprends pas pourquoi, avouent d'autres.

— Je suis mal à l'aise avec la fille qui me plaît vraiment, finira par admettre celui-là.

Nous venons de définir trois degrés de phobie relationnelle, trois degrés d'intensité d'expansion de la phobie : ceux qui vont être timides avec toutes les filles, ceux qui vont être timides avec certaines filles, ceux qui vont être timides avec l'objet de leur flamme.

Bref, ce que je veux dire, c'est que chacun – ou presque – peut trouver dans son histoire une dose de phobie. En l'absence de diagnostic ou d'autodiagnostic, en l'absence de volonté de se soigner, l'inhibition gagne : on va risquer moins, on va moins aller vers les autres, on va moins demander aux autres.

Car la phobie peut être en sommeil et s'actualiser quand il y a un enjeu pour le sujet : examen, relation amoureuse ou demande d'augmentation, par exemple.

— Au travail, je ne suis pas timide avec mon chef, mais je suis gêné quand je dois lui demander une augmentation…

Que la phobie soit extrême, extensive ou limitée, chacun doit se montrer lucide sur son propre degré d'angoisse et trouver ainsi des voies pour oser, avancer, évoluer.

De l'hystérie à la séduction

Contrairement au phobique qui ne veut pas se mettre en scène, voici l'hystérique qui attire l'attention, recherche le regard d'autrui… Prenons l'exemple d'un comédien comme Fabrice Luchini, personnage toujours très créatif qui, dans ses interviews télévisées, tire la couverture à lui, mais avec quel talent ! Il est l'extrême d'une hystérie bavarde et réussie, mais en général l'hystérique, bien que tout aussi narcissique, se montre moins inventif.

Il y a plusieurs traits de caractère chez l'hystérique. Le premier, le plus connu, c'est le besoin d'attirer l'attention sur soi. Mais il y a un deuxième élément, un peu différent, qui en découle pourtant : la séduction qui peut devenir manipulation. Enfin, troisième élément attribué à l'hystérique : l'imagination qui tend à la mythomanie. On voit ainsi que dans l'hystérie cohabitent des notions charriant le positif et d'autres véhiculant le négatif… Séducteur, mais peut-être manipulateur. Imaginatif, mais éventuellement mytho.

L'hystérique se repère aisément, c'est celui qui attire l'attention, celui qui se montre théâtral, « dramatisé ». De l'hystérique, la vox populi dit :

— Il en fait trop, il ramène sa fraise, il n'y en a que pour lui, il rapporte tout à lui…

On comprend qu'il y a quelque chose d'excessif dans la théâtralité de ce sujet animé par la recherche permanente du regard d'autrui. En fait, l'hystérisation c'est la capacité psychocorporelle et extravertie d'incarner la séduction. En focalisant les regards sur lui, l'hystérique en tire une satisfaction narcissique.

— Si on me regarde, c'est que j'existe, pourrait-il penser.

Cela ne signifie pas qu'il est forcément très à l'aise dans ces situations-là, mais il vit d'une manière extrêmement dramaturgique le fait d'entrer en rapport avec l'autre, une façon de faire dans laquelle s'insinue un nouvel élément : la séduction. En effet, les extravertis sont des séducteurs.

La séduction n'est pas toujours positive, elle peut être excessive quand elle touche à la manipulation, quand elle est systématisée. Par exemple, lorsqu'un homme va vouloir séduire toutes les femmes, y compris les femmes amoureuses d'un autre… On trouve un côté enflé, inadapté de la séduction. A contrario, celui qui va renoncer totalement à la séduction, celui qui ne va pas être le moins du monde extraverti et charismatique ne va pas parvenir à attirer vers lui les regards et les intérêts… Une femme qui voudrait charmer, un patron qui espérerait imposer un projet, un homme politique qui chercherait à convaincre ne pourraient parvenir à leurs fins sans une dose limitée d'hystérie. On pourrait parler ici de François Fillon et de Jean-Marc Ayrault, par exemple. En dehors de leurs qualités propres, ces deux personnages publics ne manquent-ils pas d'une dose d'hystérie pour vraiment nous séduire ?

***Dans une logique sociale de réussite,
la plupart des leaders n'ont-ils pas
une dimension hystérique ?
Un être parfaitement mesuré pourrait-il
séduire assez pour être élu ?***

Du côté des acteurs, cette vérité est plus évidente encore : tout comédien a forcément une propension hystériforme. En effet, participant à un casting, il doit faire preuve d'une dimension hystérique pour séduire. D'ailleurs, plus globalement, une certaine séduction-manipulation semble parfois indispensable. Dans une équipe de football, par exemple, si l'entraîneur ne parvient pas à développer son charisme, s'il ne parvient donc pas à séduire, l'alchimie indispensable à l'animation du groupe ne se réalise pas.

On le comprend, si l'hystérisation peut parfois être excessive, sa défaillance peut également poser problème. Certes, on peut choisir d'être discret dans la vie, mais, pour accéder à certains postes, les réservés ne doivent-ils pas se résoudre à forcer leur nature ? Pour réussir dans les domaines en vue, un certain charisme, donc un certain degré d'hystérisation, semble nécessaire. Autrement dit, un trop faible degré d'hystérisation est un handicap pour celui qui souhaite accéder à un poste de responsabilités dans un club sportif, dans un clan, dans la politique. Ne faut-il pas un minimum de séduction pour entraîner les hommes ? Eh bien, pour faire preuve de ce minimum de séduction, un minimum d'hystérisation semble indispensable.

En politique, certains semblent manquer de séduction, ou alors ils tentent de séduire sans hystérisation, déclarant hautement qu'ils se trouvent incapables de vendre du vent. Ils sont peut-être séduisants, mais ils privilégient le fond. Ce fut le cas de Raymond Barre par le passé. Il voulait séduire sobrement, avec ce qu'il était, avec ce qu'il croyait vrai. Peine perdue. Nous sommes ici dans le rapport à la fiabilité du projet.

— Dans dix ans tout va aller mieux, mais avec moi nous allons commencer par des larmes.

Un homme politique peut-il utiliser ce langage vérité ?

Peut-on aujourd'hui obtenir le pouvoir en démocratie en promettant des temps difficiles comme le faisait Winston Churchill au Royaume-Uni dans les années 1940 ?

Actuellement, à un bout de la chaîne de l'échiquier politique se trouve François Bayrou : peu d'hystérie et un programme médiocrement séducteur, mais un programme de vérité. À l'autre bout de la chaîne, on découvre les tribuns séducteurs qui offrent du rêve. Ne pourrait-on pas faire le reproche à certains courants populaires, voire populistes, de se donner un leader charismatique clamant, à grands effets de manches et coups de menton, une politique qui nous conduirait dans le mur ? En quelques phrases, ces gens seraient capables de vendre des réfrigérateurs aux Inuits… le comble de l'hystérisation-séduction.

En revanche, chez les plus réservés, la difficulté est réelle : être charismatique demande un degré de séduction, mais pour les timides, les renfermés, l'hystérisation est vécue comme de l'esbroufe, de la frime, du bluff.

On retrouve cette dichotomie dans le langage populaire. Il suffit de demander à un panel d'électeurs s'ils pensent souhaitable ou non d'être séducteur.

— Non, répondront certains, la séduction, c'est la manipulation.

D'autres réagiront plus radicalement.

— Mieux vaut être soi-même avec sincérité, diront-ils.

Un homme politique qui croit à ce qu'il dit, qui hystérise son discours, qui a envie de l'incarner, qui cherche le pouvoir parce qu'il pense sincèrement que son projet est bon pour le pays est comme un bon acteur : il joue mieux, il est porté par un souffle. Sinon, on en est réduit à se présenter comme une espèce de pitre qui amuse un instant. Les gens peuvent alors vous remercier de les avoir divertis, de leur avoir fait passer un bon moment, mais avec l'impression vague qu'ils ont souri à des choses futiles.

Sans hystérisation, peut-on devenir un leader charismatique ? Regardons Jean-Marie Le Pen, il est très hystérisé, sa fille aussi ; observons Jean-Luc Mélenchon, il est terriblement hystérisé. De vrais leaders charismatiques, donc. Oui, mais… Les électeurs ne sont pas totalement charmés par ces tribuns au programme atypique qui ne séduisent que quinze ou vingt pour cent des votants, du moins en France. N'est-ce pas dans l'ordre des choses qu'un quart de la population soit séduite par une personnalité hystériforme qui joue de la protestation ? Pourtant, les populismes arrivent rarement au pouvoir, sans doute parce que le message qu'ils véhiculent est trop simpliste. Les gens ont besoin d'un leader charismatique, a-t-on dit, mais ils ont aussi besoin d'entendre un discours crédible. La manipulation dans la séduction a ses limites.

Je pense que ni Mélenchon ni Le Pen n'arriveront un jour au pouvoir. Pourquoi ? Parce que le contenu de leur hystérisation est tout de même trop basique. Hystériser pour séduire réellement demande du contenu, un projet, une vision. En bref, hystérisation dans la forme, qualité sur le fond. Quand les deux se marient sur le plan politique émerge le leader charismatique positif. En revanche, il est vrai qu'on peut aussi hystériser une bande de crétins en les faisant rire à des blagues racistes, comme le fait l'humoriste Dieudonné en poussant parfois ses auditeurs à la haine, en hystérisant les bas instincts de l'être humain… Méfions-nous de l'hystérisation destructive et négative.

En résumé, le trop-plein d'hystérisation n'est pas toujours positif, il ne convainc donc pas le plus grand nombre, mais il faut tout de même un degré d'hystérisation en politique pour présenter un programme apparemment crédible, sinon on devra renoncer à séduire la majorité du corps électoral. En ce sens, on peut se demander si le déclin du Parti communiste français n'est pas aussi lié à un manque de personnalités charismatiques… ou hystériques ! Depuis Georges Marchais, secrétaire général jusqu'en 1994, le PCF n'a plus connu de chefs hystériques à sa tête. Pierre Laurent, son président actuel, est sans doute pétri de qualités, mais son manque de charisme crée l'ennui et provoque l'indifférence. Certes, le Parti communiste est moins attractif intellectuellement en raison, notamment, de l'éclatement des démocraties populaires, mais on pourrait se demander si, après Marchais, le Parti n'aurait pas pu se doter de leaders charismatiques capables de faire entendre sa voix. En définitive, le PCF n'a pas bénéficié d'une personnalité assez hystériforme pour incarner la protestation, à tel point qu'il a fallu aller chercher un Mélenchon pour « hystériser » le Front de gauche.

L'hystérie est un zeste parfois indispensable que l'on retrouve dans la publicité, la vente, la télévision… La publicité hystérise le produit, lui donne une consistance, le rend séduisant.

Cela dit, il se passe la même chose en publicité qu'en politique. On peut avoir l'impression que n'importe quelle campagne publicitaire pourrait faire acheter n'importe quoi. Peut-être une fois, mais pas deux : l'hystérisation fait emballer la machine, certes, mais la limite est marquée par la réalité des faits et la qualité des produits.

Quant à la télévision, elle est parfois le point extrême de l'hystérisation. Elle parvient même, dans certains cas, à hystériser… la timidité. Quand hystérie et phobie font bon ménage ! Un écrivain comme Patrick Modiano au débit lent et hésitant, Serge Gainsbourg dans certaines interviews des débuts de sa carrière ou, plus près de nous, une chanteuse comme Zaz sont parvenus à ce stade ultime de l'infra-hystérisation. Habileté ou talent, ils ont réussi à mettre en scène leur timidité. Dans le relationnel, ils jouent de manière subtile le jeu de la séduction. Notons aussi que, fondamentalement, nous sommes tous plus ou moins hystériques quand nous voulons séduire la personne de nos rêves.

L'hystérisation serait une théâtralisation qui attirerait l'attention et mettrait en scène le contenu.

Mais quand le contenu est absent ? Car l'hystérisation peut être grossière… Tenter de séduire de manière fruste ne fonctionne pas toujours et, en tout cas, pas avec tout le monde. La qualité et la virtuosité du jeu séductif ne doivent pas être ignorées : il ne s'agit pas seulement d'attirer l'attention sur soi, il faut aussi entrer dans la subtilité de la séduction. S'agiter, bavasser, s'enflammer, gesticuler, capter les regards même au prix du mépris des autres, telle est l'hystérie au sens large. Mais comment négliger la grâce de la séduction, la qualité de l'hystérisation ? L'hystérisation réussie est celle de l'acteur pour qui le public, conquis et admiratif, se lève en une *standing ovation*.

Généralement, il est arrivé à ce moment-là à une parfaite adéquation entre la forme et le contenu.

Plutôt phobique ? Plutôt hystérique ?

À la suite de ces descriptions cliniques, chaque lecteur peut se poser la question suivante :

— Suis-je de tendance plutôt phobique ou plutôt hystérique ?

Il est plus complexe qu'il n'y paraît de répondre à cette interrogation, car chacun peut être phobique dans certains domaines et hystérique dans d'autres. L'être humain est compliqué. Telle personne se montrera très séductrice dans sa vie affective et tout à fait inhibée dans son parcours professionnel, ou l'inverse. Celui qui manie la séduction pour faire carrière pourra se trouver plus réservé dans son rapport avec les femmes…

Ces deux éléments contradictoires : la peur du regard de l'autre et l'hystérisation d'un comportement, ne sont pas également distribués dans tous les domaines de l'activité humaine, au sein du couple, de la famille, de la vie sportive, de la vie professionnelle. Alors que peut-on faire de cette vérité ? Quand les autres vous trouvent timide, c'est que vous ne tentez pas votre chance, que vous n'êtes pas assez joueur… Une devise pour vous : il faut séduire pour gagner ! Si vous ne demandez pas une augmentation à votre patron, vous ne risquez pas d'obtenir un meilleur salaire. Si vous ne tentez pas le jeu de la séduction face à l'être aimé, vous ne saurez jamais ce qu'il pense de vous…

Eh oui, on s'en est aperçu, la vie fonctionne avec un minimum de séduction, qu'on le veuille ou non.

S'il y a des gens phobiques avec déficit d'hystérisation, d'autres sont trop hystérisés : ceux qui veulent attirer l'attention à tout prix, mais finissent par être le dindon de leur propre farce parce qu'ils hystérisent de façon excessive et sans contenu, comme un humoriste qui nous resservirait toujours les mêmes blagues. Et là, comme en politique, on retrouve le thème du contenu. Si j'hystérise simplement pour qu'on m'écoute, mais que le contenu est mauvais, les gens finissent par se lasser en disant cruellement :

— C'est un clown.

L'hystérisation répétée peut être lassante. Un homme l'avait compris et formulé : c'est Jacques Pilhan. Ce conseiller en communication de François Mitterrand avait suggéré au président de la République de se faire rare. De manier habilement son hystérisation, pourrait-on dire. Par ailleurs, on a reproché à Nicolas Sarkozy une hystérisation trop fréquente, trop prégnante, alors même qu'à ses débuts sa présence constante lui a été bénéfique puisqu'il a été élu. Mais il a fini par lasser… Le timing de l'hystérisation est délicat à manier, dans un parcours politique, certes, mais également dans la vie sociale.

Quand dois-je attirer l'attention sur moi ?
Quand faut-il me montrer plus mesuré
et disparaître des écrans radar ?
Au seind'un groupe, quand dois-je mettre en œuvre
ma séduction ?

Il existe un art du tempo de son hystérisation. Faut-il hystériser de façon séquentielle ? Dois-je le faire pour un projet ?

Un journaliste m'a parlé de ceux qui aiment bien se montrer à la télévision…

— Il y a des gens qui sont toujours ravis de pouvoir présenter leur bobine, m'a-t-il confié. Ils répondent à tout et à tous. Et puis, il y en a d'autres qui montrent leur bobine parce qu'ils soutiennent un projet, parce qu'ils défendent une cause.

D'un côté, l'hystérisation avide, celle des gens décidés à parler sur tous les sujets, pourvu qu'on puisse les voir. Et de l'autre, l'hystérisation liée à un objet, un projet, une vision, un nouveau message… Si le contenu ne présente rien de nouveau, rien d'attractif, le téléspectateur va penser que le sujet passe bien, mais après ?

L'art du séquentiel est complexe. Hystériser pour un enjeu, pour un message, pour un fond solide est une attitude rare et précieuse.

Choisir son attitude sur le terrain, hystériser quand une stratégie se dessine à l'arrière est peut-être un des secrets de la réussite.

Tous les hommes politiques, petits et grands, ont bien compris qu'il fallait un peu se montrer… Mais la subtilité consiste à alterner ces moments, à alterner les messages. Personnellement, je réponds souvent aux journalistes dans mon champ de compétence. Évidemment je préfère le faire quand j'ai un livre à défendre, un colloque à porter, je me sens alors chargé d'une mission. Dans ces moments-là, je vis mieux mon hystérisation que dans les temps morts où je n'ai pas d'enjeu. Hystériser en incarnant un contenu, en exprimant une passion, est sans doute plus confortable.

En revanche, prendre la parole seulement pour amuser la galerie peut certes être agréable, mais cela finira probablement par lasser.

2
L'égo dans tous ses états

Mégalo, parano, pervers narcissique… trois formes de l'ego, du « bibi-centrisme » qui agite certains. Le plus immédiat, le plus simple à comprendre, c'est le mégalo. Mais tout le monde n'est pas mégalo de la même manière, je distingue même trois niveaux d'intensité.

Le premier est banal, c'est celui de la vie quotidienne, du sujet qui pense d'abord à lui-même et qui pourrait dire, comme jadis Eugène Labiche : « Un égoïste, c'est quelqu'un qui ne pense pas à moi. » Au deuxième niveau, voici l'égocentrique, l'égoïste au carré, celui qui est tellement dans son propre monde qu'il ne se préoccupe pas de l'autre. Il ne pense qu'à lui, ne réfléchit que par lui et éprouve une réelle difficulté à « penser » l'autre. Le troisième niveau d'intensité, c'est la mégalomanie des personnalités spectaculairement égocentriques.

Au total, une montée crescendo avec ces questions que l'on doit garder à l'esprit pour tenter de définir son propre degré de mégalomanie : comment suis-je préoccupé par moi-même ? Puis-je me projeter dans l'autre ?

Pour l'égoïste, l'autre existe encore

Si l'égoïste pense un peu trop à lui-même, l'autre est tout de même repéré et perçu. L'égoïste est même capable de se poser des questions sur l'autre, de s'intéresser à l'autre, de se mettre éventuellement dans la peau de l'autre. En tout cas, il peut constater, par exemple, que l'autre n'est pas d'accord avec lui.

L'égoïsme frappe peu ou prou chacun d'entre nous, l'égoïsme parle de nous parce que nous nous sommes tous montrés à l'occasion un peu égoïstes, c'est fréquent dans le jeu relationnel humain. Pour zoomer sur cette réalité, pour rendre vivante cette vérité quotidienne, je puise dans mes souvenirs de thérapeute afin d'en extraire une petite histoire de couple...

Chaque année, avant l'été, Paul rentrait chez lui pour mettre fièrement sous les yeux de Jocelyne, sa femme, deux billets pour un voyage au bout du monde. Tahiti, les Maldives, Java... La première fois, Jocelyne avait été ravie : « Quel merveilleux mari », avait-elle pensé. Au bout de trois ou quatre ans, l'effet de surprise s'était émoussé, l'homme arrivait comme une horloge avec une destination et un projet ficelé. Lui-même se sentait exceptionnel, magnifique, généreux... Mais il voyait bien que la chère Jocelyne paraissait un peu agacée, et il ne comprenait pas pourquoi : les premières années, ne lui avait-elle pas sauté au cou de joie et de bonheur ? Il posa la question à sa femme.

— Que se passe-t-il ? Les autres années, tu étais heureuse comme tout !

— Est-ce que tu n'as pas oublié quelque chose ? demanda Jocelyne.

Paul ne comprenait toujours pas.

— C'était sympa, reprit Jocelyne, mais cette fois j'aurais voulu être consultée, choisir avec toi...

Paul est entré dans une dimension qui lui avait totalement échappé, mais rapidement il a entendu ce que lui disait sa femme, il a perçu son propre aspect égoïste, et il a vite admis que Jocelyne puisse avoir voix au chapitre. Consulter sa femme serait peut-être moins amusant, l’effet de surprise disparaîtrait, mais cela permettrait de penser un peu plus à elle ! Finalement, l’année suivante, Paul a présenté les choses autrement.

— Chérie, j’ai pris une semaine, on va partir quelque part ensemble. Où veux-tu aller ?

Paul a mis en place un dialogue, un échange. En fait, il a trouvé une solution car sa dimension égoïste restait légère, elle n’était pas trop visible, et surtout elle pouvait se corriger.

Le hasard a voulu que je reçoive dans mon cabinet un autre couple vivant une histoire parallèle, mais dont la conclusion fut moins aisée. Malgré la demande de sa femme, le mari n’arrivait pas même à concevoir une autre manière de fonctionner. Il choisissait la date et le lieu des vacances, elle rechignait, il ne comprenait pas…

— C’est extraordinaire ce que je fais, insistait-il. Si je t’en parle avant, tu ne seras pas surprise !

Il n’arrivait pas à analyser que le choix des destinations était toujours très égocentré. Il décidait de partir en des lieux où il avait d’abord envie d’aller lui-même, sans jamais s’interroger sur ses désirs à elle. Il voulait aller au Brésil pour le foot et le carnaval, elle craignait les dangers des favelas et ne se montrait pas très sensible aux charmes des jeunes filles qui se trémoussent au son de la samba.

L’égoïste se fait ici égocentrique. Pour lui, ce qui le passionne doit passionner l’autre. C’est aussi simple que cela. L’égocentrique a tendance à projeter sur l’autre son propre désir. Si pour moi le Brésil est excitant, cela va lui plaire… D’une certaine manière, l’autre c’est moi. L’autre apparaît comme un parfait reflet de soi-même.

Revenons au niveau simple de l'égoïsme. Paul et Jocelyne ont donc trouvé un modus vivendi, l'égoïsme n'est pas profondément dérangeant si les deux partenaires parviennent à échanger pour se consulter, réfléchir ensemble.

La vie de tous les jours est forcément faite d'échanges avec l'égoïsme de l'autre. Dans la vie de couple, on ne peut pas être dans le fusionnel permanent, dansl'identité permanente.

Il est évident que, dans la vie de la plupart des couples, il arrive un moment où vient à l'esprit que l'autre est un peu égoïste. Il convient alors de recadrer les choses par la parole. L'égoïsme est banal, je dirais même que l'égoïsme est normal et qu'il n'y a pas lieu de s'en inquiéter, à condition évidemment de se laisser interpeller, d'accepter d'être remis en cause.

Troisième couple de notre incursion dans l'égoïsme : celui d'Alain et Claire, deux sportifs aguerris. L'épouse voulait entraîner son mari dans ses propres activités, essentiellement le stretching.

— Moi, je ne peux pas jouer au foot, il faudrait qu'on trouve des activités à pratiquer ensemble, plaidait-elle.

Mais Alain faisait déjà du foot de façon intensive, il n'avait pas l'énergie pour se lancer dans une activité additionnelle, et Claire a eu bien du mal à l'attirer dans son univers.

Question : dans cette petite histoire, qui est l'égoïste ? Est-ce que c'est la femme qui voudrait que son mari fasse moins de foot et plus de stretching ? Est-ce le mari qui refuse de dégager du temps pour répondre au souhait de sa compagne ? Ce serait plutôt, dans ce cas, un égoïsme en miroir ou le bibi-centrisme de l'un renvoie au bibi-centrisme de l'autre.

À ce niveau, l'égoïsme de Paul face à Jocelyne, l'égoïsme d'Alain et de Claire ne doivent pas être dramatisés, les protagonistes de ces petites aventures humaines n'ont pas à culpabiliser. Rien n'est encore tragique, tout est dans l'ordre des choses. Si tout n'est pas idéalement normal, tout au moins est banalement normal.

Les peurs cachées de l'égocentrique

Dans ma carrière de thérapeute, débutant comme psychanalyste, j'ai d'abord écouté des patients névrotiques. Ceux-là s'allongeaient sur mon divan et, dès la première séance, me parlaient d'autrui.

— Est-ce que j'ai dit quelque chose qui a pu chagriner ma femme ?

— Est-ce que je n'ai pas été un peu trop incisif avec mon collègue ?

— Est-ce que j'ai vexé mon voisin ?

Lorsqu'ils parlaient ainsi spontanément de ce qui les préoccupait, autrui émergeait dans le discours : ils portaient leur regard et leurs pensées vers l'autre.

Plus tard, j'ai reçu des égocentriques, je me suis occupé de comportements transgressifs et violents. J'ai vu des patients qui s'étaient rendus coupables de menaces et d'agressions. Ces gens avaient franchement dérapé, si bien que leur conduite justifiait une sanction. Ils venaient donc à moi dans le cadre d'une obligation de soins. Certes, il y a des égocentriques qui ne sont ni transgressifs ni brutaux, ils n'enfreignent pas la loi, mais rendent quand même infernale la vie de leurs semblables. En tout cas, mes patients à moi souffraient de troubles de la personnalité, un peu caractériels, un peu psychopathes, un peu paranos, un peu mégalos. Surprise, ces gens ne parlaient jamais des autres ! Et quand je leur demandais ce qu'ils pensaient de la personne avec laquelle ils se trouvaient en conflit, leurs réponses me surprenaient.

— Je ne suis pas dans sa tête… Ça ne m'intéresse pas… Il ne m'a rien dit… Je ne me suis jamais posé la question…

On a l'impression que chez ce genre de patients, dans leur éducation, dans leur relation au monde, la capacité de penser l'autre ne s'est pas développée. Non seulement ils ne parlent pas spontanément de l'autre, mais surtout, quand on les incite à évoquer le « différent », on constate la pauvreté, l'incapacité de l'imaginaire à penser l'autre, à s'intéresser à l'autre. Nous ne sommes plus ici au degré banal de l'égoïsme, mais à un niveau supérieur, celui de l'égocentrisme. En effet, l'égoïste peut penser l'autre, même s'il n'en tient pas toujours compte ; l'égocentrique, lui, éprouve une difficulté structurelle à pénétrer l'imaginaire de l'autre. L'égocentrique vit dans son propre monde, un peu comme un enfant qui n'aurait dans ses pensées que ses propres désirs, ses propres répulsions, un enfant qui serait tellement occupé à satisfaire ses propres aspirations qu'il ne trouverait pas le temps de se pencher sur les préoccupations de l'autre.

L'égocentrisme est une pauvreté de l'imaginaire,
une pauvreté de la capacité à comprendre
ce qui se passe dans la tête de l'autre.
Que veut l'autre ?
Que ressent-il ? De quoi souffre-t-il ?
Toutes ces questions restent
étrangères à l'égocentrique.

Bref, l'égocentrique ne pense jamais à l'autre, ne se met jamais à la place de l'autre, c'est un handicapé de la pensée sur autrui, et l'on comprend aisément la souffrance que cet aveuglement entraîne dans la relation humaine. Le partenaire d'un sujet égocentrique – que celui-ci soit violent ou non –, au travail ou au sein de la famille, a l'impression pénible et justifiée que l'autre reste indifférent à tout ce qui n'est pas lui-même. Et ce partenaire, discrètement névrotique comme nous le sommes tous, souffre de voir l'égocentrique refuser d'entrer dans le jeu relationnel d'échange et d'égalité, mais tenter en permanence de dominer l'autre pour faire triompher ses vues et ses aspirations.

Dans le couple, c'est encore pire. L'égocentrique essaie naturellement d'imposer son désir à l'autre dans une domination qui peut être soit immature, soit agressive, mais toujours sur fond de faiblesse à penser à l'autre, et le conjoint souffre encore, parce qu'il sait qu'il n'existe pas vraiment dans la tête de l'égocentrique.

L'égocentrique éprouve donc une incapacité à appréhender la réalité psychique de l'autre, il est le double inversé du névrotique, qui lui vit sur fond de culpabilité, attaché au mal qu'il a pu faire aux autres, soucieux de ce que les autres peuvent penser. Les uns se préoccupent presque trop de leur prochain, les autres y sont totalement indifférents. D'un côté, la dimension névrotique qui sous-tend la culpabilité, le remords, la souffrance ; de l'autre, une fermeture totale à ce qui n'est pas soi-même. Opposition évidente, et parfois doux mélange des genres. Je me souviens d'un film de Woody Allen qui m'a beaucoup frappé : *Crimes et délits*. L'histoire d'un ophtalmologue qui a une maîtresse et va marier sa fille. Sa maîtresse le menace de tout dévoiler pendant le mariage… L'ophtalmo a un frère, caïd dans la pègre new-yorkaise, et celui-ci possède la solution du problème : il faut éliminer la maîtresse ! Au début, l'ophtalmo est horrifié, puis il accepte de laisser son frère agir. Mais la culpabilité tenaille le brave ophtalmo, il a des sueurs froides, se réveille la nuit… Angoisses inutiles : la maîtresse est abattue. Ce personnage de l'ophtalmo, qui était assez névrotique, passe alors dans la dimension égocentrique : il se ressaisit, efface tous les signes de sa présence dans l'appartement où a eu lieu le crime. Brusquement la culpabilité l'a lâché et quelqu'un lance cette vérité : « Les pires choses qu'on fait, on finit par les oublier. »

Le cinéaste a croqué la partie dramaturgique de l'âme humaine, la culpabilité, le remords, mais aussi la partie plus égocentrée de cette âme, capable parfois de se réveiller au bon moment… Tout se passe comme si l'égocentrisme étouffait la culpabilité qui nous a trop longtemps hantés. En chacun d'entre nous sommeille une personnalité plus égocentrique, plus froide que l'image idéalisée que nous promenons de nous-mêmes.

Dans le fonctionnement égocentrique, il y a une frustration si l'autre n'est pas d'accord avec le projet. Si on lui fait un reproche, il ne voit que sa propre souffrance, l'agressivité que les autres lui infligent en n'étant pas séduits par sa proposition. Au lieu de comprendre qu'il essaie d'imposer son désir à l'autre, il voit seulement que l'autre a le tort grave de refuser sa proposition. Cela me fait penser à l'un de mes jeunes patients, très timide, que j'ai reçu en psychanalyse. Au départ, Bernard apparaissait comme un personnage anxieux, un peu culpabilisé, qui avait du mal à entrer en contact avec les filles, à les séduire, à leur faire des propositions.

Un jour, malgré tout, il a pris son courage à deux mains et a décidé de demander franchement à une fille si elle voulait bien sortir avec lui. Bernard était très centré sur son exploit, car c'était bien un véritable exploit pour lui de transcender sa timidité pour aborder cette demoiselle.

— Est-ce que tu veux aller au cinéma avec moi ce soir ? osa demander le jeune homme.

Catastrophe : la demoiselle répondit par la négative.

— Qu'est-ce qu'elle est méchante ! m'a lancé Bernard.

Sur le divan, on travaillait justement le thème : « oser demander ». Or Bernard était tellement crispé sur son effort, tellement fier, tellement autosatisfait d'avoir vaincu sa timidité, qu'il en devenait égocentré. Il avait vécu le refus dans l'incompréhension totale. Comment pouvait-on le repousser alors qu'il avait accompli un véritable tour de force ?

— Pourquoi les gens sont-ils méchants comme ça ? me demanda-t-il.

— Bienvenue dans le monde humain, avais-je envie de répondre.

Il faut aussi accepter l'autre, celui qui peut dire oui, qui peut dire non, peut-être, plus tard, on verra…

Dans le même esprit, je me souviens d'une émission qui fit les beaux soirs de TF1 au début des années 2000 : *Y a que la vérité qui compte*. Peut-être certains lecteurs se souviendront-ils du rideau qui se levait ou non… Les participants à ce drôle de jeu utilisaient la scénarisation de l'émission pour oser dire à d'autres ce qu'ils ne leur avaient jamais dit. Un rideau séparait celui qui venait demander et celui qui vivait la surprise de retrouvailles un peu étranges et un peu magiques. Le premier, par exemple, n'avait plus revu l'objet de sa flamme depuis trois ans, et il venait faire la déclaration d'amour qu'il n'avait jamais osé prononcer… Il était incapable d'imaginer que, durant ces trois ans, l'autre avait mené sa vie, avait oublié, avait noué des relations nouvelles ! La demande cristallisait le côté immaturo-égocentrique du solliciteur, qui en oubliait l'évidence pour exprimer son rêve. Nous, téléspectateurs, espérions bien sûr voir le rideau se lever, voir ainsi deux désirs entrer en écho. Hélas, parfois le rideau restait fermé : le décalage entre le désir égocentré de l'un et la réalité présente de l'autre était trop grand. Celui qui venait demander la reprise d'un lien ancien se montrait stupéfait de constater que l'autre avait poursuivi sa vie : il n'avait pas songé l'espace d'un instant qu'il s'était passé trois ans, que l'autre avait eu des rêves, des flashs, des fantasmes, des rencontres…

Certaines personnes sont tellement phagocytées par leur propre univers qu'elles ne parviennent pas à regarder lucidement le monde tel qu'il est.

Ces gens qui tentaient ainsi leur chance à la télévision n'étaient ni agressifs ni violents, ils étaient plutôt doux et pacifiques, mais ils éprouvaient une difficulté à imaginer que l'autre pût avoir une vie personnelle bien éloignée du fantasme nostalgique qu'ils entretenaient. L'un d'eux, je m'en souviens, s'adressait à une collègue de travail.

— Finalement pour moi, notre relation n'est pas seulement de l'amitié, je ressens de l'amour pour toi…

La fille ainsi interpellée se voulait aimable et conciliante…

— Tu es un merveilleux ami, j'adore travailler avec toi. Je suis un peu gênée de te le dire, mais tu aurais pu simplement me demander si je vivais avec quelqu'un plutôt que de me convoquer dans une émission…

Quand le désir est trop centré sur soi-même, il fait l'économie d'un regard plus lucide sur la réalité de l'autre. Ce fonctionnement égocentrique, très immature, n'est pas agressif comme celui de personnalités plus cyniques, plus froides, plus prédatrices dans le rapport aux autres, mais on sent bien la faille : imaginer que celui ou celle qui a attiré mon attention devrait obligatoirement être un partenaire potentiel. Certes, dans l'imaginaire, chacun d'entre nous fonctionne un peu de cette manière, mais la problématique se noue lorsque ce cinéma intérieur est validé par l'impossibilité de formuler les vraies questions : Cette personne est-elle en quête d'une relation ? M'a-t-elle adressé des signes ? Vit-elle déjà une histoire d'amour ? Ces interrogations sont comme non pensées par le sujet qui a envie de projeter son désir ; il passe du fantasme, du rêve, à la réalisation possible sans tenir compte de la réalité concrète, objective, psychosociale de l'autre.

Désirer faire de celui qui nous plaît un partenaire potentiel, quoi de plus normal ? Se faire un cinéma personnel, pourquoi pas ? Mais quand le psychisme valide ce cinéma sans même se poser la question de l'altérité, nous sommes dans le domaine de la pensée magique, toute-puissante. Puisque je le veux, l'autre entrera dans mes rêves !

Certains participants à *Y a que la vérité qui compte* présentaient une forme d'égocentrisme liée à l'immaturité, mais parfois les personnalités égocentriques sont plus agressives… La femme refuse mes avances ? Je la frappe ! Un partenaire professionnel n'est pas d'accord avec moi ? Je le manipule ou je l'achète ! L'égocentrisme peut être une dynamique plus prédatrice, plus violente. Certaines personnes ne veulent pas tenir compte de l'autre pour mieux le maîtriser, mieux le dominer.

L'égocentrique immergé dans ses pensées, éloigné de l'autre, tout occupé de lui-même, est-il forcément heureux ? Au premier abord, on pourrait avoir la tentation de répondre par l'affirmative, c'est la vie de bibi d'abord, le désir de bibi, la volonté de bibi… Et si par la pression qu'il exerce sur lui, par un harcèlement discret, par une manipulation, un chantage affectif, l'autre craque, l'égocentrique va remporter la palme, il sera parvenu à mettre l'autre dans son jeu ! Donc, on pourrait penser que l'égocentrique a gagné la partie puisqu'il est arrivé à incarner son désir et que l'autre se glisse dans ce moule, s'intègre dans son fantasme.

Oui, mais à quel prix ? Je me souviens d'une femme qui me racontait avoir connu son mari jeune, ils vivaient ensemble depuis dix ans et cet homme avait toujours été extrêmement présent, il lui téléphonait plusieurs fois par jour, il voulait constamment savoir où elle était, ce qu'elle faisait… Disons, pour être clair, qu'il l'aimait avec un mélange de possessivité et de jalousie.

— Pendant dix ans, ç'a été ma vie, c'était la manière dont il m'aimait, et comme je l'aimais également je n'en souffrais pas, me confia-t-elle.

Au bout de dix ans, elle se lia d'une amitié amoureuse avec l'un de ses collègues. Et le mari, très vigilant, l'apprit par l'indiscrétion d'un SMS. Dès lors, il se comporta comme un époux jaloux et soupçonneux. Il l'appelait quatre fois par jours, lui envoyait dix SMS : « Chérie je pense à toi »…

— Il m'étouffe, maintenant j'ai envie de le quitter ! finit-elle par dire.

Auparavant, elle n'avait jamais souffert de la manière dont cet homme l'aimait. Et soudain, elle ne pouvait plus supporter cette pression insistante.

Alors, essayons de comprendre les choses… On pourrait penser que le personnage le plus égocentré du couple, c'est le mari, et pendant dix ans, il a gagné la partie. Sa femme a rythmé sa vie selon ses désirs possessifs, elle se hâtait de rentrer chez elle après le travail, réfrénant ses envies, diminuant sa liberté. Simplement, comme elle l'aimait, elle en était satisfaite. Mais à bas bruit, elle se sentait un peu étouffée, même si elle n'en avait pas encore conscience. Le révélateur a été l'amitié amoureuse avec le collègue, et dès ce moment tout a basculé : elle s'est mise à trouver son mari étouffant, épuisant. Eh oui, l'égocentrisme n'est pas paritaire, et un jour obligatoirement l'équilibre établi par l'un s'effondre pour l'autre ! Des systèmes très égocentriques peuvent fonctionner pendant un temps, avec des partenaires souples, adaptatifs, conciliants, mais à la longue la méthode s'use et se délite.

Dans mon cabinet, un mari me racontait ainsi sa manière de voir le couple :

— Avec ma femme, tout était merveilleux les trois premières années. Le plus souvent, on était d'accord, mais quand on n'était pas d'accord, elle m'aimait tellement qu'elle finissait par prendre mon parti.

— Et alors ?

— Au bout de trois ans, elle a assumé le fait de ne pas toujours être d'accord avec moi.

— Qu'avez-vous ressenti ?

— C'était tellement merveilleux avant…

Ce cas, qui paraît banal, me semble particulièrement révélateur. Quand un personnage est égocentrique, il arrive à s'imposer... Si la relation dure, c'est que le partenaire a ses raisons, il est peut-être très amoureux, ou très conciliant, ou très passif, ou très dépendant, peu importe. Dans ce moteur à explosion qu'est le couple, tout va bien pendant un temps. La femme est heureuse parce qu'elle adore cet homme et l'admire. Pour l'heure, ce cocktail suffit. Puis la réalité surgit. Un grain de sable s'insinue, et le modèle se grippe... La femme qui s'est adaptée subissait tout de même de trop nombreuses contraintes. Le modèle contraignant, qui a été accepté pendant des années, est soudainement pulvérisé par implosion, une espèce de souffrance émerge alors qu'elle était masquée pour de nombreuses raisons : il était quand même agréable, on avait des enfants, notre couple allait bien... Il y avait un ensemble *good enough*, suffisamment bon. Et puis l'autre fait un rêve, se réveille, a envie de partir...

Quand l'autre échappe au dominateur égocentrique, c'est une souffrance pour celui-ci, parce que, d'abord, il est en état de dépendance face au dominé et surtout parce qu'à un niveau plus profond, il n'est pas sûr de lui-même. En fait, s'il fonctionne de cette manière, c'est qu'il se trouve incapable d'agir de façon plus mûre, plus assurée. Les personnalités égocentriques sont apparemment dominatrices, un peu usantes, mais elles ont besoin de l'autre, elles ont besoin de cet autre qu'elles dominent. Et quand l'autre disparaît, quand l'autre ne joue plus, les égocentriques se décomposent, dépriment ou basculent dans la violence en se suicidant ou en agressant l'objet aimé-dominé. C'est dire que derrière la manière très égocentrée de fonctionner, il y a une faille, et cette faille ne se voit pas tant que le sujet peut exposer sa façade égocentrico-expansive. Quand il est abandonné, quand l'autre siffle la fin de la partie, l'égocentrique ne comprend pas. Souvent, des patients de ce genre se sont interrogés devant moi.

— Mais pourquoi elle s'en va ? Tout allait bien !

Quand le dominé se dérobe, le dominateur éprouve un manque, il ne comprend pas, son monde se déstabilise.

L'égocentrisme apparaît comme un moyen de domination sur l'autre, mais cela traduit souvent une fragilité sous-jacente, longtemps invisible.

En apparence, tant que les égocentriques arrivent à intégrer l'autre dans leur monde rêvé, tout va bien… Mais quand l'autre leur échappe, émergent leur fragilité, leur doute, leurs peurs, des idées d'autodévalorisation, et un évident manque de confiance en soi.

Comment ne pas évoquer ici ce masseur-kinésithérapeute un temps très à la mode ? Ce n'était pas un Adonis, il est vrai, mais il massait les plus belles femmes de sa région. Que se dirait le commun des mortels dans cette situation ? Dans le nombre de femmes que je reçois, je pourrais peut-être inspirer une attirance sexuelle à certaines… S'il avait été normal, il aurait tenté sa chance de temps en temps. Seulement voilà, cet homme a été interpellé par la police : il invitait ses belles patientes à un bon repas, saupoudrait les boissons de produits soporifiques, puis les reconduisait à son cabinet pour les masser, et les violait pendant qu'elles dormaient ! Curieusement, son procédé a fonctionné pendant un temps, aucune de ses victimes ne s'est plainte, elles avaient sans doute tout oublié et pensaient qu'elles s'étaient endormies sous l'effet lénifiant du massage.

Finalement, l'une de ses patientes, sans avoir de souvenir précis, a eu tout de même des doutes… Les policiers ont interrogé systématiquement les clientes du kiné, et quelques-unes ont commencé à réagir.

— Tiens c'est curieux ! C'est vrai qu'après le massage, je me suis posé la question… Et puis non, il est sympa…

Elles y avaient donc vaguement pensé, mais en estimant la chose impossible. Finalement, l'homme a été condamné car les preuves abondaient : il avait filmé ses ébats !

Cette domination sur l'autre endormi est sans doute le comble de l'égocentrisme, mais aussi le comble du manque de confiance en soi. Le kiné n'envisageait pas de tenter de séduire une, deux ou trois femmes de son panel, il lui fallait dominer par la ruse et l'agression. L'égocentrique refuse d'entrer dans le jeu social, il ne demande pas, il prend. Le rapport à l'autre traduit toujours son insuffisance et finalement sa médiocrité.

Le souffle créateur du mégalo

Après l'égoïsme et l'égocentrisme, voici le troisième stade de l'ego enflé : la mégalomanie. Le mégalomane est tellement préoccupé par le côté expansif de son désir que les autres, tous les autres, ne sont que des pions.

Le langage de tout un chacun le décrit assez bien : il fait la roue, il se pavane, il en rajoute… La sagesse populaire, la psychologie de masse montrent ainsi ce côté qui enfle et enfle encore. Mais quand l'esprit enfle, le sujet est tellement pris dans cette boursouflure qu'il n'y a plus aucune place pour l'autre. En fait, s'occuper des autres prendrait une telle énergie au mégalomane qu'il ne peut pas s'y intéresser, à moins que ces autres n'entrent dans son monde mental pour y jouer les utilités. Contrairement aux égocentriques, certains mégalos gardent donc une petite capacité à penser l'autre lorsqu'il s'intègre dans leur projet… J'ai connu des partenaires de mégalos heureux ! Conjoints ou collaborateurs, ils sont emportés dans le souffle d'un projet où ils ont une place, la place que veut bien leur accorder le mégalo, mais dont ils parviennent à tirer quelques satisfactions.

Ici, le côté boursouflure transpire à travers un projet : le sujet se pense indispensable pour changer le monde, s'exprimer dans l'art ou mener un combat. Beaucoup de gens qui réussissent, deviennent célèbres, et finalement s'imposent, sont un peu mégalos. Ceux-là sont allés au bout de leur vision. Mais tous n'y parviennent pas, il y a les mégalos réalistes et il y a les mégalos fantasmatiques ou velléitaires.

De nombreux créateurs, dans le domaine de l'art ou dans celui de l'entreprise, sont des mégalos. Ils ont pensé qu'ils allaient réussir, ils étaient portés par un souffle. D'autres sont plus pathétiques, parce que leur projet est dément et que nul ne peut y croire. Oui, la mégalomanie peut être risible parce qu'elle nous fait pénétrer dans la démesure…

Certains ont choisi d'avoir un imaginaire conforme, ils se disent contents de leur sort, mais si on les interroge plus avant, le discours peut changer. Il est une période de la vie propice aux rêves et aux chimères mégalomaniaques : l'adolescence. Jean d'Ormesson aurait avoué avoir pensé jadis, comme Victor Hugo : « Je veux être Chateaubriand ou rien. » On a dit de Nicolas Sarkozy qu'à l'âge de dix ans il avait déclaré vouloir être président de la République. C'est peut-être vrai, mais tous les garçons de dix ans qui ont voulu être présidents ne sont pas entrés à l'Élysée ! Pour beaucoup de ces rêveurs portés par une dimension mégalo, apparaît bientôt une distorsion entre leur rêve idéalisé et leur capacité bien réelle. Ceux-là vont seulement amuser la galerie par leur boursouflure inutile, alors que les autres vont créer une œuvre, une œuvre qui ne sera peut-être pas aussi glorieuse que prévu, mais une œuvre tout de même. Je dirais même que le souffle mégalomaniaque est nécessaire au créateur.

Lorsque j'étais jeune psychiatre, j'ai annoncé à ma compagne de l'époque que j'allais créer une nouvelle école de psychanalyse… Freud n'avait qu'à bien se tenir ! Alors que je développais mon projet mégalo, elle m'a interrompu par ces mots :

— Tu me fais peur !

Comme elle était gentiment névrosée, la description de cette folie des grandeurs ne pouvait que l'angoisser. Personnellement, je n'étais pas vraiment dupe de ma mégalomanie, j'avais des doutes, mais je me laissais entraîner par le rêve. Pour elle, en revanche, mon projet dément entraînait une dimension d'angoisse. Rêver, pourquoi pas ? Mais il faut rester lucide sur sa potentialité, lucide sur sa capacité.

La mégalomanie peut être dynamique et positive, mais aussi destructrice. Il faut saupoudrer la mégalomanie de lucidité. Sinon, nous entrons dans la caricature de la boursouflure.

L'imaginaire ne me pose pas de problème en tant que psy. Pourquoi ne pas rêver d'être grand, d'être beau, d'être riche, d'être adulé ? Ensuite doit intervenir l'analyse de ses propres capacités. Dans les multiples émissions de télévision qui cherchent la star de demain, on rencontre bien souvent des personnages caricaturaux. Ils arrivent sûrs d'eux-mêmes, certains de devenir le prochain Florent Pagny… Et ils se mettent à chanter comme des casseroles, mais avec aplomb, devant un jury médusé ! Ce sont les mégalos autoconvaincus, contents d'eux, et qui deviennent la risée des téléspectateurs.

A contrario, il existe une mégalomanie plus adaptative. D'Ormesson n'est pas devenu Chateaubriand, mais il est devenu d'Ormesson, l'auteur d'*Au plaisir de Dieu*, membre de l'Académie française, et ce n'est déjà pas si mal !

Beaucoup de projets associatifs, politiques, artistiques n'ont-ils pas commencé par un rêve mégalomaniaque ? Je pense que les gens qui réalisent des choses ne sont pas vraiment mégalos, mais ont un côté mégalo. Ils se sont éloignés d'une mégalomanie caricaturale pour s'approcher d'une mégalomanie adaptative.

Le peintre Salvador Dali est un personnage intéressant dans notre recherche parce qu'il me semble un bon exemple de l'amalgame d'un grain de folie, d'une dimension mégalo et d'un évident talent. Dali mettait en scène une certaine folie : n'a-t-il pas déclaré péremptoirement que la gare de Perpignan était le centre du monde, le monument le plus érotique qui soit ? Absurde. On se disait que ce type était fou, mais il surjouait sa folie supposée, il mettait en scène son excentricité… Pas si fou que ça, en définitive, car son comportement était relativement adaptatif : il veillait jalousement au prix de ses œuvres et faisait fructifier sa fortune ! Et surtout, il avait du talent : il ne suffit pas d'être mégalomane pour devenir Dali.

La mégalomanie, c'est l'intensité dans l'imaginaire, ce n'est donc ni positif ni négatif, tout dépend de ce qu'on en fait. En fait, le problème pathologique surgit quand le sujet éprouve une conviction inébranlable de son destin avec une surestimation de lui-même.

Le sport offre aussi un beau champ d'investigation. On peut vouloir être champion du cent mètres, mais si l'on n'en a pas les capacités on n'y arrivera pas. Par exemple, un coureur peut confier aux journalistes :

— Quand j'ai vu Guy Drut gagner à Montréal en 1976, j'avais dix ans, j'ai eu envie d'être champion du monde…

Il y a dans la mégalomanie productive une racine infantile, mais aussi de la souplesse qui permet de comprendre qu'il va falloir s'entraîner et travailler dur avant de voir le rêve se réaliser, peut-être…

— Est-ce que vous voulez être numéro un mondial ?

Cette question a été posée à des tennismen français. Les plus lucides parlent de la centième place, de la quinzième place, de la dixième place… Ils s'entraînent et grimpent petit à petit dans le classement, lentement et lucidement.

Un joueur a répondu plus clairement encore, maniant habilement une forme réaliste de la mégalomanie, pratiquant un atterrissage de la mégalomanie dans la normalité.

— J'ai envie de progresser encore et, aujourd'hui, je ne dirai pas que je suis ou que je vais être le numéro un, mais simplement j'ai la détermination d'aller au plus haut de mes possibilités.

Alors égoïste, égocentrique ou mégalo, est-on forcément enfermé dans une catégorie ou peut-on en sortir, passer de l'une à l'autre ? On peut être égoïste, égocentrique ou mégalo dans certains domaines, et pas dans d'autres. Celui-là, par exemple, sera mégalo au bureau et à peine un peu égoïste avec sa femme.

Dans la normalité, il y a des moments où l'on peut être égoïste, d'autres où l'on est un peu égocentrique… Et survient l'instant où l'on redevient lucide.

On peut effectivement être « bibi-centrique » à des degrés divers dans les différents domaines de l'activité humaine. On peut classer les gens dans un domaine, mais après ? L'esprit humain est extrêmement variable, glissant, changeant…

— Il se la pète, dit-on de celui-ci.

Oui, mais il se la pète peut-être momentanément, comme dans une espèce d'effervescence. La bulle, ensuite, peut crever et le soufflé de la mégalo retomber brusquement.

3
Parano et perversion, plongée dans les délires humains

Parano et pervers narcissique… deux formes particulières de l'ego, plus précises, plus ciblées. La boursouflure de la personnalité verse ici dans le délire, parfois dans la violence, voire dans le crime.

Le parano et ses interprétations

Le parano est peut-être celui dont les traits, toujours intenses, violents, récurrents, sont les plus faciles à définir précisément : susceptibilité, méfiance, rigidité et surtout interprétativité négative du comportement d'autrui. Le langage courant traduit bien ces caractéristiques : le parano est celui qui a tendance à penser que le monde entier lui en veut, que le monde entier conspire à lui nuire.

L'essence du fonctionnement paranoïaque consiste à interpréter sur le rien, le vide, le néant, et interpréter avec intensité. Je peux avoir un adversaire, un concurrent, un ennemi même, mais penser que l'autre passe sa vie entière, du matin au soir, à me préparer des coups bas, c'est de la paranoïa. L'intensité de ce vif sentiment de persécution signe la tonalité parano.

Le parano est plus susceptible que la moyenne, plus rigide que la moyenne, et surtout plus interprétatif que la moyenne.

Pour que chacun puisse à la fois identifier le parano qui sommeille en lui-même et décoder ce trait chez l'autre, il convient de décrire les deux niveaux d'intensité de la paranoïa.

Dans le premier niveau – celui de tous les jours –, les traits décrits plus haut s'expriment dans le cadre d'un fonctionnement de caractère qui n'est certes pas la normalité idéale, mais qui demeure d'une intensité light, supportable, homéopathique.

Malheureusement, ce niveau tolérable reste ignoré, parce que le mot « parano », trop connu, trop utilisé, a pris une connotation exclusivement pathologique. Mais oui, il existe bien, dans le large spectre de la normalité, un versant doux de la paranoïa. Tout va bien, les traits du parano léger peuvent s'intégrer dans la vie dans une relative harmonie… Vous les connaissez, ces gens que l'on dit entiers, souvent passionnés, mais qui se sentent parfois incompris, jalousés, voire critiqués par les autres. On peut s'y reconnaître ou reconnaître son conjoint, son patron, son collègue, ou encore telle personnalité politique ou tel sportif…

Nous sommes encore dans l'esquisse d'une dynamique paranoïaque, elle mérite sans doute d'être signalée, mais ne va pas poser de problème particulier et ne doit évidemment pas être classée dans le pathologique. Ce niveau, banal, me semble cependant important à décoder, parce que ces paranos de premier niveau, qui ont une tendance à penser que les autres leur en veulent un peu, sont souvent en conflit avec leur entourage. Travailler sur eux-mêmes leur permettrait d'apaiser bien des situations !

Passons au deuxième niveau. On se trouve ici au cœur de ce que le psy appelle le « caractère paranoïaque » : les traits sont musclés, présents, accentués, lisibles. Ce caractère paranoïaque est une évidence pour tous…

— Il est particulièrement susceptible, il est très méfiant, dira-t-on.

Mais ne simplifions pas à l'excès ! Selon moi, la dynamique paranoïaque ne s'exprime pas perpétuellement et ne se développe pas dans tous les domaines.

Ainsi, je crois que l'autre me veut du mal… Mais quel autre ? Tous les autres ? Pas obligatoirement. Je peux avoir cette conviction dans la vie de couple : ma femme regarde d'autres hommes. Je peux avoir cette conviction dans ma vie de père : mes enfants s'évertuent à défier mon autorité. Je peux avoir cette conviction au travail : mes collègues de bureau, mes subordonnés ou mon chef passent leur temps à me persécuter. Je peux avoir cette conviction face à mes voisins, ils braquent sur moi des caméras pour m'observer.

Couple, famille travail, voisinage… Quatre domaines où se développe la parano. Évidemment, certains peuvent se révéler paranos avec tout le monde, conjoint, enfants, collègues, voisins… Mais, surprise, j'ai remarqué que la paranoïa ne se développe souvent que dans un seul secteur de la relation humaine. Sans affecter les autres équilibres.

La jalousie, domaine privilégié de la parano

En fait, les traits de caractère du paranoïaque ont été historiquement liés à la jalousie pathologique. Qu'est-ce qu'un jaloux pathologique ? C'est celui qui pense en permanence que son partenaire pourrait avoir une liaison, que la trahison le guette continuellement. Quand le conjoint regarde un autre homme ou une autre femme, c'est évidemment qu'il le ou la désire, qu'il envisage déjà une aventure hors du couple… Le jaloux pathologique est hanté par l'obsession que le conjoint pourrait être infidèle.

Cette femme sort avec son mari faire les courses, et ce dernier se tourmente pour le moindre regard que porte son épouse sur les vendeurs, sur les clients, sur les passants… Voilà la forme systématisée et obsédante d'une jalousie née hors de toute réalité ! Sa femme sourit à un commerçant, et alors ? Le sourire peut être de la sympathie, de la politesse, il peut être nerveux ou mécanique, il reste simplement le support normal de la vie sociale, mais le jaloux pathologique refuse ces explications trop faciles : il va interpréter le comportement de sa femme comme l'annonce d'une infidélité prochaine.

Dans la vie sociale, on regarde forcément les autres, on va leur sourire, mais le jaloux va sexualiser ce regard, projeter sur un détail des interprétations, imaginer des signes d'attirance, des marques de connivence, alors que le côté absurde de l'interprétation saute aux yeux de l'observateur. La jalousie maladive n'a pas besoin de s'appuyer sur la réalité. Cet aspect un peu fou de l'interprétation reste primordial pour coder le niveau pathologique de la jalousie.

On va retrouver la jalousie maladive dans la violence psychologique ou physique à l'intérieur du couple, source d'inspiration pour le roman et le théâtre depuis *Othello* de Shakespeare. Quand A est épris de B, l'amoureux éprouve toujours l'angoisse que B soit attiré par C.

Le jaloux maladif est un être souffrant, totalement angoissé par ses interprétations, auxquelles il croit dur comme fer.

Être obsédé par l'idée que l'autre est en permanence attiré par des tiers entraîne une vie de terribles tourments.

Le jaloux peut alors souffrir de deux manières : par implosion, ou par explosion. Dans le premier cas, il va déprimer, se montrer anxieux, douter de sa valeur ; dans le second, il va se montrer nerveux, harceler l'autre, basculer dans la violence.

Devant les excès d'un jaloux maladif, le partenaire essaie d'abord de combattre les interpellations et les interprétations du conjoint de façon pseudo-adaptative : il répond, il conteste, il plaide.

— Mais non, je ne regarde pas cette personne, où as-tu la tête ? C'est toi que j'aime.

Il tente de rassurer le jaloux et se trouve amené, qu'il le veuille ou non, à s'adapter en diminuant sa propre liberté. Il rentre plus vite au lieu d'aller boire un pot avec un copain, tente d'apaiser le jaloux, lui rend des comptes, lui téléphone sans cesse, le quitte le moins possible… Au début, le partenaire du jaloux s'adapte donc par une somme de comportements censés rassurer l'autre. Un peu plus tard, tout change : l'accumulation d'adaptations crée immanquablement chez le partenaire du jaloux une souffrance par étouffement. Il se réveille un beau jour et se dit : « Je n'en peux plus, je suffoque, il m'étouffe. » Le partenaire du jaloux a fini par s'épuiser, il s'est éreinté à rassurer et à calmer l'autre. En vain. Après avoir adopté une suite de comportements adaptatifs, il ne songe soudain qu'à s'échapper. Pour avoir la paix, pour être tranquille. « Et l'on se sent tout seul, peut-être, mais peinard », chantait Léo Ferré. Le partenaire rêve désormais d'un monde où il n'aurait plus à rendre des comptes en permanence…

Dans ma vie personnelle et professionnelle, j'ai souvent constaté que le partenaire du jaloux implosait par étouffement. Il s'échappe un jour… Ou alors, à force de crier au loup, le loup arrive !

— Finalement, je vais prendre un amant, comme ça mon mari sera angoissé pour quelque chose de concret, m'a confié une patiente.

Une autre fois, un paranoïaque, qui s'allongeait dans mon cabinet, se plaignait des imaginaires tromperies de sa femme… J'ai essayé de le convaincre qu'il souffrait à tort, mais finalement sa femme l'a vraiment trompé.

— Docteur, vous voyez bien que j'avais raison ! a-t-il déclaré presque victorieusement.

À force de penser que les autres nous veulent du mal, un jour surgit ce que l'on craignait le plus.

J'ai aussi reçu une femme très jalouse, mais plutôt dans la forme light. Elle avait la lucidité de voir qu'elle était unie à un homme très séducteur. Une jalouse et un séducteur ensemble… un vrai défi !

Comme cette femme était très rationnelle, elle s'apercevait que son mari la trompait, effectivement, mais elle imaginait cent maîtresses… alors qu'il n'en avait qu'une !

— Voilà, devant toute femme qui passe sous les yeux de mon mari, mon imaginaire se met en action, soupirait-elle.

Elle était capable de sourire de sa propre parano, ce qui n'est pas fréquent. Et finalement, comme elle était fine et vigilante, elle observait les événements et s'autopersuadait que cette centaine de maîtresses accrochées aux basques de son mari relevait du pur fantasme…

— C'est bête, m'a-t-elle dit avec humour, je souffre cent fois inutilement, si je parvenais à ne souffrir qu'une seule fois, ce serait déjà mieux. Non ?

Cette femme est ainsi parvenue à analyser ses doutes et ses obsessions, elle a tenté de comprendre pourquoi elle se sentait tellement dévalorisée à la seule idée de l'infidélité de son mari… Dans cette plongée en elle-même, elle a mis au jour sa crainte viscérale de la séparation. Elle a donc réalisé tout un travail pour disséquer son manque de confiance en elle : sa dépendance la terrorisait, mais elle ne pouvait imaginer vivre sans lui. Au final, après des mois de réflexion, elle a conclu vaillamment que si, un jour, elle ne supportait plus les frasques de son époux, elle le quitterait et trouverait peut-être un homme moins volage.

Dans son travail, cette femme a pris conscience d'un double mouvement : la jalousie maladive suppose une difficulté à accorder sa confiance à l'autre et une incapacité à avoir confiance en soi. Dans le rapport rival s'articule le manque : si l'autre est attiré par un tiers, c'est que je ne lui suffis pas, c'est que je ne vaux rien…

Le jaloux ne peut pas développer une représentation du rival potentiel sans que cette image ne soit immédiatement autodestructrice.

Une lecture plus normale de la situation permettrait au jaloux de penser que le partenaire peut être attiré ailleurs, mais que cela ne signifie pas forcément que lui-même ne vaut rien.

Peut-être l'autre aime-t-il l'inconnu, peut-être l'autre est-il un instable ou un butineur… Tant d'explications sont possibles.

Cette patiente a pu ainsi travailler sa paranoïa, qui prenait en l'occurrence la forme de la jalousie. D'ailleurs, elle était venue elle-même me demander un suivi, démonstration d'une véritable volonté de s'en sortir.

Très généralement, le paranoïaque ne fait pas de lui-même la démarche de soins. Reclus dans son propre monde, dans sa propre vérité, il ne comprend pas la nécessité de négocier avec les autres ! Il faut souvent attendre une plainte déposée, un jugement, une obligation de soins… Quand les paranos agressifs viennent voir le psy, ils le font contraints et forcés. En revanche, les sujets plus sensibles, ceux chez qui la souffrance est plus forte que l'agressivité, vont effectivement spontanément demander de l'aide à leur entourage, à des psys, à des groupes de parole.

Refuser de souffrir, tenter une lecture plus large des événements, revient à introduire un peu de complexité dans l'interprétation qu'on se fait du monde. Penser que l'autre me trompe parce que je suis un minable est une croyance qui fait souffrir. En revanche, admettre que l'autre est un séducteur qui va me revenir constitue une interprétation plus complexe de la vie, une vision moins dangereuse, moins systématisée, moins douloureuse.

— Quand j'étais jeune, je souffrais comme une bête quand mon mari était attiré par une autre femme. Maintenant, je me dis que cet imbécile va revenir, m'a dit une épouse délaissée.

Est-ce la sagesse de l'âge ? Peut-être, mais elle n'avait pas tort. Le mari était un séducteur de l'instant, un séducteur qui, en définitive, n'a jamais voulu construire une autre vie avec une autre femme.

Porter son regard ailleurs, complexifier le monde, c'est rendre son interprétation moins obsédante, moins tsunamique.

Et la confiance, dans tout ça ?

La jalousie pathologique est provoquée par un manque de confiance en soi, mais aussi par un manque de confiance en l'autre, on l'a vu. Cette confiance en l'autre ne doit certes pas être une confiance aveugle, naïve et infantile, mais peut-on vivre sans faire un tout petit peu confiance à son conjoint ?

Vérité au niveau du couple, vérité plus large encore. Les cultures qui maintiennent farouchement la femme au foyer, restreignent sa liberté, pratiquent parfois l'excision, essayent ainsi de la maîtriser obsessionnellement pour supprimer le risque d'infidélité. Jalousie paranoïaque, là encore…

Dans son aspect le plus négatif, le manque de confiance en l'autre peut être au cœur de comportements attentatoires à la liberté.

Ainsi, certaines cultures institutionnalisent le regard méfiant porté sur la femme en assignant à celle-ci un rôle dont elle ne pourra pas s'échapper… Véritable institutionnalisation de la paranoïa !

Quand la femme n'a pas le droit de sortir seule, quand elle doit se voiler, quand elle ne peut pas montrer la moindre partie de peau, parce que la peau, c'est la tentation, on voit la paranoïa en marche. En effet, la parano du jaloux est apaisée au prix de l'étouffement de la femme.

D'une manière plus générale, face au côté un peu anarchique de la psyché humaine, les attitudes limitatives préconisées dans les relations entre l'homme et la femme – les fiançailles et les chaperons, les mariages et le prix de la virginité – ne seraient-elles pas autant de contre-feux allumés par la crainte paranoïaque que la femme se libère et finalement s'échappe ?

Pourtant, sur le plan intime comme sur le plan culturel, la confiance est un facilitateur du bonheur. Je me souviens de cette femme qui avait décidé de vivre avec un homme qui avait été très cavaleur…

— J'ai choisi de lui faire confiance, m'a-t-elle expliqué, il sera toujours temps que je déprime ou que je le quitte si un jour…

Bel exemple de sagesse rationnelle.

Entreprise et voisinage, les autres champs de la parano

Quel serait le trait paranoïaque au niveau de la parentalité ? Je vais en donner une forme un peu folle, et qui incarna ma première rencontre professionnelle avec la violence…

L'homme avait un enfant de dix-huit mois, et sa femme était à nouveau enceinte. Les parents dormaient dans leur chambre, le bébé dans une pièce attenante. La mère était un peu fatiguée par sa grossesse, et le bébé ne cessait de crier… Le père se leva d'un bond et apostropha l'enfant.

— Tu vas arrêter de pleurer ? Tu réveilles ta pauvre mère qui est épuisée !

Arrêt sur image. Cet homme n'était pas débile, il raisonnait pourtant un bébé de dix-huit mois… Ici, nous ne sommes pas seulement dans l'interprétativité, mais aussi dans l'immaturité. Le père parlait à son bébé comme s'il avait été un adulte, persuadé que le petit ne montrait délibérément aucun égard pour sa mère.

Après cette algarade, il alla se recoucher. Mais le bébé avait un vrai problème : une dent qui poussait, il avait mal, il criait toujours… En colère, le père se releva.

— Tu fais exprès de me provoquer !

Il prit son bébé, le souleva, et le rejeta violemment sur le berceau. Fracture du crâne.

On assiste ici à une interprétation non seulement inadaptée et immature, mais aussi folle. Pensait-il vraiment qu'un bébé de dix-huit mois pouvait le défier ?

Prenons maintenant l'exemple d'un enfant plus âgé. Il avait dix ans et chahutait alors que ses parents réclamaient du calme. Le père chapitra son fils…

— Arrête, on est fatigué, et que je ne le te dise pas deux fois !

L'enfant continua de faire du bruit. Pourquoi ? Non par défi, mais par inconscience, par excitation, parce qu'il jouait, parce qu'il était dans son monde… Ces réalités constatées, acceptées par un adulte mature, échappent à l'adulte immature et interprétatif. Ce dernier pense que son enfant fait du bruit par défi, et le défi entraîne l'agressivité. Le père se leva et alla administrer à l'enfant une mémorable paire de claques. Produit direct d'un délire d'interprétation.

On retrouve la même problématique au sein du monde de l'entreprise. Un chef un peu tendu, un peu sensible, un peu susceptible, a l'impression que son équipe ne met pas en place ses directives… Paresse ? Indolence ? Manque de dynamisme ?

Peut-être. Mais l'esprit du chef est martelé par cette unique pensée : ils font exprès de s'opposer à moi, ils cherchent à me mettre en échec ! Il va donc procéder à une lecture persécutive du comportement de ses subordonnés. Dans cette lecture, la dimension interprétative maladive va toujours pousser à grossir les événements et à dramatiser les situations.

Dans la vie sociale, je peux me sentir parfois un peu persécuté… Mais si je suis hanté par la croyance que les autres passent leur temps à comploter contre moi, si je pense que leur rêve, leur préoccupation centrale, l'alpha et l'oméga de leur objectif, est de me tourmenter, je suis tombé dans l'interprétation maladive.

Et cette interprétation maladive, persécutive, est aussi une boursouflure de l'ego, elle a souvent partie liée avec l'égocentrisme et la mégalomanie. En effet, si les gens passent tout leur temps à mettre en œuvre des stratégies pour me léser, cela me donne une importance folle : je suis donc au cœur de leurs préoccupations. Le centre du monde, c'est moi !

Autre exemple dans la vie sociale : celui des petites affaires de voisinage qui égayent tant différentes émissions de télévision. On voit des gens qui se font des procès pour des queues de cerise, pour des centimètres carrés de terrain donnés ou repris… Pour une personnalité rationnelle, l'enjeu semble insignifiant, une petite négociation devrait vite venir à bout de la contestation. S'il y a souvent un fond de réalité dans les différends entre voisins, le grossissement du problème nous fascine. On entend des phrases définitives.

— L'autre le fait exprès, l'autre est un ennemi, je ne vais pas me laisser faire, je vais lui rendre la monnaie de sa pièce…

Et le plus petit conflit enfle et perdure, se transmettant parfois aux générations suivantes.

L'auditeur qui écoute un parano lui raconter ses malheurs sera frappé par la démesure de son récit, par son aspect obsédant, passionnel. Et par le rôle systématiquement malfaisant des autres.

Notons-le, même si le cas est plus rare et n'intéresse que les psychiatres, la paranoïa peut sombrer dans une interprétation tellement folle – le mot ici est bien pesé – que le sujet entre dans la maladie mentale : la psychose paranoïaque. Le délire est alors systématiquement intuitif ou interprétatif, mais sans lien aucun avec une quelconque réalité. Ce n'est pas un regard, un geste, un mot que le délirant va interpréter, mais ses propres fantasmes, son propre imaginaire. L'observation de la réalité externe n'influe en rien sur la psychose paranoïaque : le sujet est totalement immergé dans son propre monde, le réel n'existe pas.

Je me souviens d'un patient qui n'aimait pas sa voisine de palier, la méchante faisait donc preuve de toutes les perfidies…

— Elle essaie de percer la cloison de mon appartement pour infiltrer des gaz incolores et inodores, qui entraînent d'affreux maux de tête, m'expliquait-il.

Des gaz non repérables, mais dangereux ? Une voisine capable d'envoyer à travers le mur ces mystérieux fluides qui expliqueraient les migraines et la déprime ? Nous ne sommes plus dans l'interprétation maladive, nous avons mis pied dans la folie de l'irréalité. Nous y reviendrons.

La vie compliquée du parano

Si je suis susceptible, si je sens que l'autre ne m'aime pas, si j'ai l'impression persistante que l'autre cherche à me nuire, que puis-je légitimement ressentir ? De l'irritation. De cette attitude irritable vont émerger trois comportements susceptibles de nous aider à reconnaître le parano.

D'abord, souffrant d'être mal aimé, le parano peut déprimer. C'est ce que les psys appellent la paranoïa sensitive. Les sujets sensibles, fragiles, sont malheureux de penser que les autres ne les aiment pas, que les autres cherchent à leur faire du mal… Et ces paranoïaques gentils dépriment devant un monde hostile.

Ensuite, si je ne suis pas rendu malheureux, mais seulement irrité par cette bande de malveillants qui m'attaquent, je dois logiquement réagir et me défendre.

— Je ne me laisserai pas enculer, me répètent les paranos.

Le terme est fort, violent, excessif, mais il est si souvent employé par ce genre de patients que je n'hésite pas à le transcrire ici. Dans ce cas, le parano réagit par la violence, c'est la paranoïa tonique, une paranoïa de combat dans laquelle on va retrouver les figures très dominatrices au sein des familles, des institutions et même dans nos manuels d'histoire. On le verra plus loin, Staline était un parano tonique : extrêmement dominateur et très méfiant. Kadhafi aussi…

Le risque d'être défié devient une obsession chez le parano tonique. Dans sa position dominante, responsable d'une famille, d'une institution, d'un État, il va chercher à damer le pion à tous. Dans sa forme extrême, le parano tonique devient parano de combat : puisque l'autre veut le détruire, il va détruire l'autre.

Sachez-le, si vous entrez en conflit avec un parano de combat, ce sera pour la vie. Il ne vous lâchera jamais. Comment faire pour tenter de le mater ? Inutile de s'épuiser en négociations, la conciliation est sans espoir avec un paranoïaque de combat, il ne comprend que la force ou la menace.

Deux manières de stopper le jeu de ce parano : accéder à ses demandes ou renverser le rapport de force. Il n'y a pas d'autre issue. Il faut lâcher totalement ou brandir soi-même une menace très forte. Porter plainte contre le parano de combat peut finir par stopper son agressivité, je l'ai constaté à plusieurs reprises. Ces paranos sont donc accessibles à la réalité. Dans certains conflits professionnels, dans des problèmes affectifs, la plainte déposée en bonne et due forme reste une épée de Damoclès suspendue au-dessus de la tête des paranos de combat, pour un certain nombre d'entre eux tout au moins.

Paranoïa dépressive d'un côté, paranoïa tonique de l'autre… ce serait trop simple. Certains paranos sont une mixture des deux ! Tantôt ils dépriment, tantôt ils hurlent, ce sont des personnages au final extrêmement instables, avec des moments où ils agressent l'entourage et d'autres où ils s'enfoncent dans la dépression… Parce que rejeter les autres, les soupçonner est terriblement usant. Si j'ai l'impression que personne ne m'aime, si je me cramponne à mon prétendu droit, je risque d'avoir tout de même de brefs éclairs de lucidité, et quelques doutes sur moi-même… Et dans ces instants-là, je me verrai bien seul au monde.

Une parano figée ?

Ces caractères paranoïaques sont-ils figés une fois pour toutes ? Il est vrai que, bien souvent, la paranoïa représente un trait de caractère qui ne se volatilise pas, qui reste immuable. Mais il y a des niveaux et des circonstances… Un jaloux maladif n'agace personne, s'il vit tout seul !

Plus sérieusement, l'intensité de l'interprétation paranoïaque n'est pas présente en permanence au long de la vie. Pour que se développent ses traits de caractère, le parano doit trouver un point de fixation, ce sera l'objet aimé, ou une situation de hiérarchie familiale, ou un conflit dans une entreprise, ou encore un problème de voisinage…

Pour être clair, il faut que le parano se focalise sur une personne ou une situation. Puis il y a fixation sur une période donnée, et le parano peut ensuite passer à autre chose. Effectivement, on peut voir, mais c'est exceptionnel, des paranos capables de se ressaisir parce que leur attitude leur a nui, parce qu'on leur a conseillé un suivi, parce qu'ils ont reçu une obligation de soins… Pour se reconnaître paranoïaque, pour diminuer l'intensité de ses traits, le paranoïaque a besoin de l'aide de quelqu'un. Seul, il ne peut pas baisser la garde, puisqu'il est totalement convaincu de ses délires. Cette main secourable, cette oreille attentive, peut être un psy, un ami, un proche, une personne capable d'amener le parano à décoder son mal-être.

— Je suis un peu parano !

Parvenir à dire cela, c'est déjà relativiser sa propre conviction, introduire l'ombre d'un doute, en rire peut-être… Il y a donc des formes de sortie de la parano, mais elles sont rarement empruntées. En général, mauvaise nouvelle, quand on veut s'éloigner d'un paranoïaque, il cherche à vous relancer, tout peut se calmer un moment puis flamber à nouveau… La situation ne se démine que si le sujet analyse vraiment sa tendance à se sentir persécuté, s'en distancie finalement, et se montre capable de semer le doute sur ses idées interprétatives. On ne peut pas se débarrasser de sa paranoïa, mais on peut l'apprivoiser.

Le pervers narcissique

Concept psy qui plaît au-delà de toute raison, le pervers narcissique fait florès. On en parle, on le qualifie, on le désigne… mais on ne le voit jamais, car on ne sait pas très bien qui il est. Tentons de décrypter les mots…

Dire de quelqu'un qu'il est narcissique, c'est banal. En même temps on lui reproche par ce terme de ne pas s'occuper des autres et de trop s'aimer. Retour au bibi-centrisme.

Dire de quelqu'un qu'il est pervers, c'est plus grave, le ton change, le mot est glauque… Dans la psychologie de masse, le pervers est le tordu, celui qui pense à des choses équivoques, qui a tendance à instrumentaliser les autres, à se montrer destructeur, et certains lient franchement le terme à une sexualité douteuse… Bref, le mot charrie de nombreux petits sens, tous négatifs.

Maintenant, si on relie ces deux mots, pervers narcissique, on peut se dire sans grand risque que cette association incarne un caractère supernocif, à redouter et à fuir !

Ce double vocable, notons-le, est de plus en plus utilisé par les experts à la barre des tribunaux, notamment dans les histoires de violence conjugale, de violence psychologique et de harcèlement. Ce concept semble tout expliquer, tout analyser, tout décrire.

Depuis que ces termes ont explosé dans le grand public, une réaction sociologique assez étonnante est survenue, les psys entendent fréquemment les patients leur poser cette étrange question :

— Mon partenaire est-il vraiment pervers narcissique ?

Les termes ont un si grand impact que celui qui harcèle un peu est forcément un pervers narcissique ! Celui-ci est responsable de tout, hors du pervers narcissique point de salut, il est devenu l'alpha et l'oméga de la violence conjugale comme de la souffrance au travail.

Certes, les pervers narcissiques existent, mais, heureusement, toutes les tensions humaines dans la famille, dans le couple ou dans l'institution n'ont pas des pervers narcissiques aux manettes…

Alors, qui est vraiment le pervers narcissique ? Commençons par le plus simple : le narcissique est un individu centré sur lui-même. Dans le langage des psys, le narcissique est un égocentrique, il s'intéresse d'abord à lui et assez peu aux autres.

Quant au pervers, ce serait celui qui entretiendrait un rapport tordu à la sexualité. Le fétichisme, par exemple, est une perversion. La première connotation du mot « pervers », un peu étonnante pour le commun des mortels, renvoie donc à une sexualité que certains qualifient de déviante, et que j'appellerai seulement curieuse.

J'ai reçu récemment un patient qui n'était pas intéressé par les femmes, mais seulement par leurs pieds ! Ce qui le faisait vibrer, c'était de caresser, de lécher, de sucer les pieds de ses conquêtes.

— C'est dur pour moi d'arriver aux pieds, me confiait-il.

On comprend le chemin difficile qu'il devait emprunter pour avouer à une femme qu'il n'était pas séduit par elle-même, mais par ses pieds !

Voilà ce qui flotte dans l'air populaire : le pervers est excité par une zone particulière et exclusive du corps. Il ne s'intéresse pas à la dame, il est focalisé sur ses pieds, ses seins, ses lèvres… Il veut une femme avec des chaussures rouges, sinon rien, ou il lui faut une partenaire qui porte un chapeau pendant l'amour. On dit un pervers, d'ailleurs, et non une perverse : cette perversion reste l'apanage, la potentialité de la sexualité masculine.

Ensuite, une autre idée émerge : le pervers est celui qui abuse de l'autre dans la sexualité. En ce sens, certains ont dit d'un prédateur sexuel qu'il était un pervers, c'est un peu simple et rapide. Mais, là encore, seuls les hommes sont en question : j'ai connu des hommes totalement pédophiles, mais je n'ai jamais vu, dans toute ma carrière, une femme exclusivement pédophile.

Vous avez bien lu ? On est passé insensiblement de la sexualité curieuse à l'abus avec agression… Il faut bien distinguer ces deux perversions : d'une part, la perversion sexuelle, une distorsion par rapport à la norme – aimer les pieds, les chaussures, les chapeaux ; et d'autre part, le plaisir sexuel lié à la violence.

La perversion relationnelle

Autre étape de ce difficile chemin : au lieu de flasher sur un pied, le pervers relationnel flashe sur un être entier, mais essaie de l'instrumentaliser. La perversion relationnelle est une manipulation radicale. Je fais de l'autre ma chose au point qu'il me serve, moi.

Dans ce cas, le pervers narcissique serait une personnalité très centrée sur elle-même, très manipulatrice, faisant preuve d'une intelligence stratégique mise à la disposition de son projet : mettre l'autre à sa botte, en faire son esclave…

La manipulation seule ne suffit pas à faire le pervers narcissique, la plupart des humains se manipulent peu ou prou et se contre-manipulent. Chez le pervers narcissique, en revanche, la manipulation dominatrice est tellement intense qu'elle va entraîner une domination absolue. L'image médiatique du pervers narcissique est celle du gourou d'une secte, celui qui aspire à l'argent et crée de la disponibilité sexuelle. Quand on écoute un membre de la secte, on comprend que ce personnage détestable est tour à tour estimé, craint, admiré, idéalisé, divinisé…

— C'était mon dieu, il m'aurait demandé de me suicider, je l'aurais fait, il m'aurait demandé de coucher avec un autre homme, je l'aurais fait, m'a avoué la victime d'un gourou.

Elle était prête à tout. Il y a du dieu vivant chez le gourou, un dieu à qui on est dévoué corps et âme. Le gourou a réussi à occuper une place centrale dans la vie relationnelle de ses ouailles soumises… On se trouve ici devant une manipulation particulièrement réussie, mais dans la plupart des cas, la manipulation n'est pas aussi radicale.

Si les pervers narcissiques ne s'attribuent pas toujours des pouvoirs divins, ils ont en tout cas réponse à tout, ils parlent de la vie, de la mort, de l'avenir… Le pervers narcissique apparaît comme doué d'une certaine force spirituelle, d'une certaine capacité à être dominant. En quelque sorte, il dit à l'autre :

— Tu ne peux pas vivre sans moi, et pour que tout se passe bien, fais ce que je te demande.

D'ailleurs, cette manipulation, même subie, peut être totalement consentante. « C'était mon dieu… »

Car il y a une relative ambivalence de la soumission : je me laisse manipuler pour telle ou telle chose, alors que pour d'autres, je résiste. On trouve aussi chez la plupart des gens des limites face à la manipulation. Par exemple, certaines personnes aident le gourou, donnent leur argent à la secte, mais n'amèneraient jamais leur fille dans son lit.

D'aucuns voient le pervers narcissique comme une espèce de manipulateur ingénieux et génial, un être intelligent, stratège, créatif dans sa manipulation… Mais il y a des degrés, des variantes, des divergences. La tendance perverse narcissique peut être extrêmement forte chez un individu par rapport à sa femme et à son entourage immédiat, par exemple, mais rester en sourdine au travail.

Sans ces intensités diverses dans la dimension de la capacité manipulatoire, tous les pervers narcissiques chercheraient à s'imposer comme des dieux vivants ! Moi, je suis bien loin de valider cette image, je ne les trouve pas toujours très intelligents, et s'ils ont un certain sens manipulatoire, ils sont généralement capables de manipuler quelques personnes et se cassent les dents sur bien d'autres.

On dit qu'ils s'attaquent à des faibles, qu'ils repèrent les gens susceptibles de se laisser abuser, car évidemment tout le monde n'a pas envie de se laisser manipuler. En fait, je crois surtout que les pervers narcissiques essaient leur manipulation avec tout le monde, mais avec certains ils se trouvent rapidement en échec et reculent piteusement.

Les degrés de la manipulation

En relativisant la force des manipulateurs, on pourrait, là encore, en distinguer les degrés… Au plus haut, c'est le gourou divinisé qui exerce son emprise sur un groupe de fidèles.

À un degré un peu inférieur, on trouve le pervers narcissique qui – avec une certaine méthode – tente de mettre l'autre sous sa coupe. C'est lui qui est décrit lorsqu'on stigmatise la violence psychologique dans les familles, lorsque l'on parle de harcèlement dans l'entreprise.

Enfin, plus banalement, voici le degré de la vie sociale : bien des gens essaient de nous attirer dans leur jeu. Dans le couple, dans la famille, il existe de petites stratégies pour s'arranger les uns avec les autres… À ce niveau, la manipulation relève de la normalité, on n'est pas dans une systématisation et le manipulé peut reprendre la main à tout moment ou a la possibilité de se retirer du jeu. Manipuler l'autre n'est peut-être pas totalement éthique, mais qui ne s'est jamais essayé à cette pratique ? Peut-être quelques spécimens à mettre sous cloche pour une prochaine étude du CNRS !

4
Le destin névrotique ou les marques de la fragilité

Anxiété, tendance à la culpabilité, manque de confiance en soi, déficit d'estime de soi, autodévalorisation… autant de signes attribués par le psy à la personnalité névrotique. Tous ces termes, on le comprend, traduisent une fragilité existentielle : le sujet névrotique vit douloureusement, il vit avec difficulté, avec angoisse.

Pourtant, de nombreux psys soutiennent que nous sommes ou que nous avons tous été un peu névrotiques. Enfants, nous dépendions de nos parents, nous ne comprenions pas le fonctionnement du monde, à l'école nous devions faire face aux grands qui nous menaçaient peut-être et nous faisaient peur sûrement… Tout cela générait anxiété et désarroi. Le destin névrotique est un destin humain, mais quand ces craintes prennent trop d'intensité, elles entraînent une souffrance durable.

Il est dans l'ordre des choses d'être un peu fragile, un peu névrotique : ceux qui ont la chance de vivre un destin heureux passent par un destin névrotique avant d'arriver à se forger une personnalité « normale ». Les heureux éprouvent moins d'angoisses, moins de frayeurs, ils sont plus sûrs d'eux-mêmes, ont une humeur stable et se montrent globalement optimistes.

Cependant, il faut le savoir, ils sont souvent passés par un vécu névrotique.

Il ne faut donc pas s'affoler à l'idée d'être névrosé, il ne faut pas s'inquiéter, mais essayons de ne pas en faire un destin… Ne soyons pas en permanence angoissés et renfermés.

Il est dans l'ordre des choses d'avoir des fragilités, mais n'en faisons pas un destin qui se cristallise et fait souffrir.

Le vécu névrotique est donc celui de la plupart des êtres humains, même quand ils ont une vie normale, des parents sans problème, des conjoints faciles, même quand ils ont connu la réussite… Derrière cette façade rassurante se cachent des fragilités dans certains domaines, fragilités renforcées par ce que les psys appellent les traumatismes.

Quand les traumatismes décuplent la fragilité

Mais d'abord : c'est quoi, un traumatisme ? Deux idées simples sous-tendent ce mot. La première, la plus compréhensible pour tous, c'est le traumatisme externe : j'ai été maltraité par mon père, ma mère ne m'a pas aimé, ma mère me préférait mon grand frère, ma mère me traitait mal alors qu'elle adorait ma sœur, j'ai été violé par un voisin, j'ai été tabassé par ma tante, j'ai perdu mes parents, j'ai été maltraité par une famille d'accueil… Le traumatisme réel est événementiel, il est passé dans le destin de l'enfant ou de l'adolescent à cause d'adultes insuffisamment aimants, insuffisamment protecteurs ou même, paroxysme, violents et destructeurs. Le traumatisme est ici le produit d'une histoire infantile triste marquée par un accident.

Ensuite, il existe une dimension plus fine du traumatisme, moins immédiatement violente. Être un enfant, ne pas être autonome, ne pas parvenir à s'imposer avant l'âge de dix-huit ans, subir des transformations pubertaires, développer des fantasmes… voilà le lot de tous. L'histoire de notre enfance et de notre adolescence est en soi un peu traumatique !

Nous subissons un temps de latence entre le moment où l'on rêve la sexualité et celui où on l'incarne. Dans cette période où les désirs se développent sans réalisation, beaucoup de psychanalystes voient l'être humain construire de la souffrance et de la frustration, sources parfois de graves déviances. Par exemple, certains sujets n'arrivent pas à réaliser leurs fantasmes, ils peuvent alors imaginer enfermer des femmes pour les mettre à la disposition de leur imaginaire… Des fantasmes de maîtrise de l'autre dans la sexualité émergent dans cette phase de frustration située entre le moment du rêve de la sexualité et celui de la réalisation. Plus cette période de latence est longue, plus elle va laisser dans le psychisme un sentiment de frustration et, chez certains, elle va produire des fantasmes distordus de compensation : j'attache les femmes, je les torture, je les soumets… Tout se passe comme si ceux-là voulaient alors faire payer aux autres le fait de ne pas avoir obtenu la satisfaction assez rapidement.

L'histoire d'un enfant, celle d'un adolescent, représente un long chemin, c'est finalement la lecture un peu triste et négative de frustrations : on doit attendre, on ne fait pas ce qu'on veut, on dépend de ses parents, on a peur des grands, on n'est pas assez fort… On touche du doigt nos limites, nos fragilités, nos failles, nos dépendances, et cette réalité – celle de tous les êtres humains – est traumatique.

On comprend ainsi que tout être humain développe en lui des idées névrotiques : je suis limité, je ne vais peut-être pas y arriver, je n'ai pas confiance en moi, je me sens anxieux, j'ai peur, peur de lui dire que je la désire, peur de demander une augmentation, peur de me présenter à un entretien d'embauche, peur de me faire recaler à un examen. En définitive, toute l'histoire de l'être humain peut être vue comme une accumulation de peurs successives.

Le destin névrotique

L'être humain a donc une tonalité traumatique : nous sommes tous des névrosés. Par rapport à la normalité, dont on a vu qu'elle était un thème peu traité par les psys français, il est intéressant de se demander pourquoi certains vont rester durablement et intensément névrotiques. À dix-huit ans, vous avez peur de votre première relation avec une femme ? Ce n'est pas dramatique. En revanche, si durant toute votre vie vous vous sentez habité par l'angoisse chaque fois que vous envisagez une relation amoureuse, vous vivrez une répétition tragique.

Rester durablement et intensément névrotique à l'âge adulte, qu'est-ce que cela signifie ? Comment peut-on s'en dépêtrer ? L'échec ou la peur de l'échec – vérité profonde du vécu de beaucoup d'entre nous – me semble parfaitement symboliser le ressenti névrotique. En effet, la plupart des êtres humains sont sensibles à l'échec. On est amoureux et ce n'est pas réciproque, on passe un examen et on échoue, on voudrait entrer dans une entreprise et on n'y arrive pas, on voudrait changer de poste et on nous le refuse... Dans la vie affective, dans un parcours professionnel, dans nos rêves et nos espoirs de réalisation, il est rare de ne jamais rencontrer l'échec. Mais l'être humain fait souvent preuve de qualités résilientes, il peut rebondir, transcender la débâcle…

Pour le même échec, certains vont se raisonner :

— Pas de pot ! Bon, je continue, je retenterai ma chance la prochaine fois…

D'autres, en revanche, face au même échec, vont s'autodévaloriser, se persuader qu'ils ne sont rien et qu'ils ne méritent pas de réussir.

En fait, chacun d'entre nous ressent, en lui-même, ces deux vécus. Une partie de nous pense que l'échec n'est pas si catastrophique, que tout ira mieux la prochaine fois, mais une autre partie de notre esprit ressent le revers plus douloureusement. Notre idéal, qui est de réussir toujours, en prend un sacré coup ! Autrement dit, une partie de nous réagit en névrotique :

— Je n'ai pas réussi parce que je ne vaux rien !

Et une autre partie de nous se montre plus adaptative :

— J'étais mal préparé, on ne réussit pas du premier coup, tout le monde a droit à une deuxième chance…

De façon assez mystérieuse, tout le monde va vivre dans l'imaginaire deux attitudes face à l'échec : l'une névrotique, l'autre adaptative.

De tout cela résulte une énigme : pourquoi chez certains sujets un échec est-il vécu comme un traumatisme narcissique ? Par exemple, et cela m'a beaucoup frappé dans ma thérapie, certains me disent en parlant de leur vie affective :

— Si je ne lui plais pas, c'est que je ne suis pas assez attirant.

On assiste là à une espèce d'autoplombage, si j'ose dire. Le sujet se plombe lui-même en pensant que si cette femme ou cet homme a refusé ses avances, c'est qu'il n'est pas assez séduisant… C'est évidemment une vue très égotiste de soi-même. S'il avait une quelconque valeur, il suffirait donc qu'il paraisse pour que l'autre succombe ! Mais il a oublié de s'imaginer que l'objet aimé était peut-être, à ce moment, follement amoureux d'un autre ou qu'une circonstance de la vie ne lui a pas permis de répondre positivement à ses avances.

« Une de perdue, dix de retrouvées », dit la sagesse populaire. Évidemment, le dicton ne rassure pas vraiment celui qui vient de perdre la femme de sa vie, mais il indique quand même que la psychologie de masse nous incite à positiver l'échec, à regarder vers le renouveau, vers le futur…

Je l'ai constaté à plusieurs reprises : les gens se font souvent du mal avec une interprétation discutable du monde. Un échec veut-il forcément signifier que l'on n'a aucune valeur ? Évidemment non. Mais si le psychisme le croit, c'est extrêmement destructeur. Dans une image idéalisée du monde, dans une toute-puissance de l'imaginaire, on rêverait tous de réussir dès la première fois… Au fond, on a tous un idéal du moi mégalomane ! Or, si l'on refuse de l'admettre, cet idéal excessif du moi peut nous faire souffrir inutilement.

On ne souffre pas simplement de l'échec, mais de ce qu'on en pense. L'être humain est malade de ses propres interprétations.

Le névrotique est celui dont l'interprétation se fait douloureuse, autodévalorisante.

En fait, si vous prenez conscience que vouloir tout réussir du premier coup est de la pure mégalomanie, vous vous forgerez un psychisme à la fois cool et adaptatif. En revanche, si vous ne critiquez pas votre idéal, vous allez le vivre de manière extrêmement violente et douloureuse.

La psychanalyse nous enseigne cette vérité simple et forte : ce n'est pas l'événement lui-même qui fait mal, mais la représentation que l'on s'en fait. Si j'échoue et pense que je suis un moins-que-rien, je souffre. Si, au contraire, je me persuade qu'il est normal de faillir parfois, je vais vivre plus légèrement l'échec, même si une partie de moi-même continue de se lamenter.

Dans certaines rencontres avec un père, une mère, un éducateur, on voit que la réaction face à l'échec d'un enfant ou d'un ado peut être déterminante.

— Tu as raté ton bac, j'ai honte pour toi, diront des parents qui souffrent de façon névrotique dans leur idéal du moi.

Un parent qui vivrait ainsi l'échec de son enfant comme son propre échec favoriserait, sans le savoir, sans le vouloir, une interprétation névrotisante de l'échec.

D'autres, a contrario, profiteront de ce revers momentané pour remettre leur enfant en selle en risquant cette confidence :

— Tu sais, moi non plus je n'ai pas tout réussi du premier coup…

Face à un échec, il y a le regard de l'entourage, des parents, des collègues… mais il y a aussi la culture environnante. En France, il est vrai, l'échec est généralement mal vécu, on est vite taxé de raté, de has been, de minable. Or une culture qui ferait un idéal de la réussite immédiate serait une culture névrotisante. N'est-ce pas dans l'ordre des choses de tenter sa chance plusieurs fois ?

Dans la culture anglo-saxonne, on se montre plus nuancé : la formule « *Take another chance* », donner une autre chance, indique bien que l'échec peut mener vers la réussite, à condition de recommencer, de remettre son ouvrage sur le métier. Comme j'ai passé mon enfance aux États-Unis, deux mots ont marqué mon éducation : *trials and errors*, essais et erreurs. Oui, on a le droit d'essayer plusieurs fois avant de remporter le jackpot ! *Trials and errors* : une manière pragmatique et rassurante de voir le monde.

J'ai connu un brillant médecin qui avait échoué plusieurs fois au baccalauréat avant de réaliser une très belle carrière. Finalement, le problème est-il d'avoir le bac à dix-sept ans ou à vingt ans ou de devenir un bon médecin ? Quelle importance de réussir du premier coup ou seulement après deux ou trois tentatives ? Ne pas se morfondre, aller de l'avant, relativiser… tout cela procède d'une vision optimiste du monde.

Pour bien fixer les choses, prenons un triple exemple. Un étudiant rate sa première année de médecine…

Dans le premier cas, celui d'un destin névrotique, le jeune homme ne tente même pas de revenir et de reprendre son cursus, et il devient aigri, anxieux, dépressif, pessimiste. Il exercera une profession paramédicale, et ne se sortira pas de l'échec puisque sa véritable vocation était la médecine.

Dans le deuxième cas, l'étudiant retourne à ses livres, revient sur les bancs de la faculté, s'y remet avec acharnement et poursuit ses études. Il aura un destin normal.

Dans le troisième cas, tout à fait exceptionnel et paroxystique, l'étudiant fait croire à ses parents et à son entourage qu'il a réussi. Pour échapper à la honte sociale et à sa propre honte, il s'invente un monde. Ses parents lui envoient de l'argent, il dit poursuivre ses études de médecine, il fait comme si son destin continuait… Mais à un moment donné, il est pris par sa duperie, par son mensonge. Pour montrer qu'il gagne de l'argent, il emprunte des sommes de plus en plus importantes à ses beaux-parents. À un moment donné, son monde s'effondre. Il est toujours pris dans la même folie égocentrique et, par peur de l'humiliation, il tue tout le monde, sa femme, ses enfants, ses parents… Pour que les siens ne connaissent jamais ses échecs. Dans ce cas, celui de Jean-Claude Romand, qui a assassiné toute sa famille en 1993, le destin névrotique entraîne une forme de violence perverse et destructive.

Voilà donc trois comportements suite à un événement traumatique. Mystère du destin : pourquoi face à la même souffrance, face au même traumatisme externe, l'un va-t-il renoncer ? Pourquoi l'autre va-t-il essayer de s'en sortir en continuant à lutter ? Pourquoi le troisième, au destin névrotico-pervers, va-t-il transformer sa souffrance en agressivité et en destructivité ?

Le névrotico-pervers, créateur de conflits

Sans aller jusqu'à supprimer la totalité de sa famille, le névrotico-pervers – j'en ai croisé quelques-uns – s'en prend perpétuellement aux autres et crée d'interminables conflits. Or, si l'on remonte le fil de sa vie, on trouve fréquemment dans son histoire un échec fondamental qui l'a traumatisé. À celui-là, j'ai toujours envie de donner ce conseil pour tenter de changer son destin :

— Pourquoi n'essayez-vous pas d'être mégalomane dans un domaine positif plutôt que de venir nous harceler ?

Mais non, les inciter ainsi à modifier leur vision du monde ne rencontrerait aucun écho, car leur plaisir n'est pas de lutter, il n'est pas non plus de se morfondre totalement, mais de créer un peu d'excitation autour d'eux.

L'exemple le plus courant, et que l'on pratique tous mezza voce, mais que certains adoptent à haute intensité, est la médisance. Ces gens qui passent leur vie à dire du mal des autres ont, en fait, un destin névrotico-pervers banal. Ce sont ceux qui mettent la pagaille dans une institution, qui sont toujours en train de monter en épingle ce qui ne va pas, qui passent leur vie à ennuyer leur entourage.

Il faut de l'énergie pour user tout son temps à titiller les autres. Un mégalo positif, trop occupé par son projet, n'aura pas le loisir de mettre toute sa force dans l'attaque permanente d'autrui. Le dépressif, trop spleen, n'aura pas non plus l'énergie suffisante pour retourner sur son prochain son esprit sombre et aigri. Le destin du nevrotico-pervers compense ses propres manques en mettant en exergue les manques des autres. Il y en a toujours, on a tous des défauts.

Sur fond de souffrance et d'erreur, le névrotico-pervers médisant est mû par l'envie et la jalousie. Au lieu d'essayer de réussir, il cherche à détruire les autres et s'autodétruit. Il fait du mal à partir de sa propre souffrance.

Les trois destins que nous avons passés en revue sont significatifs. Une histoire traumatique peut détruire, culpabiliser, angoisser… Il y a ceux qui n'ont pas la force de se relever, ce sont ces profils que le psy peut aider afin de les rendre moins névrotiques. Mais il y a aussi les résilients, qui se montrent capables de rebondir, d'entrer dans une nouvelle vie, un nouveau monde, même s'ils ont été douloureusement atteints.

Accepter ses échecs en changeant son rapport au temps

Un élément qui m'a beaucoup aidé pour accepter les échecs et rebondir, c'est le rapport au temps. Si, à la manière occidentale, j'ai une conception linéaire de ma vie, tout traumatisme demeure sur la ligne. En revanche, si j'adopte une vision plus cyclique de l'existence, je réagirai d'une manière bien différente.

— J'ai vécu un moment douloureux, mais il est clos maintenant et je suis dans une nouvelle vie.

Il faut donc voir le temps qui passe comme une renaissance perpétuelle ! J'ai rencontré ce rapport oriental au temps quand je faisais ma psychanalyse didactique, et cela m'a beaucoup aidé parce que le côté linéaire me semblait un peu anxiogène. En effet, alors que j'étais enfant, mon père me présentait la vie comme une course.

— Quand tu t'arrêtes, les autres continuent de courir, me répétait-il bien souvent.

Certes, mon père était ambitieux pour moi, mais il me disait qu'à la moindre faiblesse, les autres me dépasseraient irréductiblement… Vision terriblement angoissante, à vrai dire.

Quand j'ai découvert un autre rapport au devenir, l'aspect cyclique du temps m'a séduit et apaisé. Il faut participer à la course, c'est vrai, mais il n'y a pas qu'une seule course, la chance rebat périodiquement ses cartes ! Je vais peut-être perdre cette course, parce que je suis démobilisé, mais après, il y aura une autre course… Et pour celle-là, je serai en pleine forme, j'arriverai peut-être premier.

Une idée du temps comme un permanent renouvellement, comme des moments qui se suffisent à eux-mêmes, nous libère.

Au contraire, le temps vu comme une linéarité est un piège. On le voit bien en observant certains hommes politiques ou, plus globalement, quelques célébrités.

— Il y a trois ans, vous avez dit le contraire de ce que vous soutenez aujourd'hui, avance le journaliste à l'affût.

Comment réagir à cette contradiction ? Il n'y a que les imbéciles qui ne changent pas d'avis, pourrait répondre celui qui a été pris en faute. Un autre, moins réactif, tentera maladroitement de faire le lien entre ses propos de jadis et sa position d'aujourd'hui…

Faut-il toujours défendre les erreurs que l'on a commises par le passé ? Si l'on est dans la linéarité du temps, on aura tendance à reprendre toute sa vie le même refrain. Mais la vie est faite d'opportunités, de renouvellements permanents. J'ai parfois envie de répondre de manière plus tranchée.

— Dans cette situation-là, j'ai fait cela ; maintenant, je ferais autre chose.

Cette idée de coupure du temps cyclique est plus désanxiogène que l'idée de linéarité qui pousse chacun à défendre d'un seul bloc l'ensemble de sa vie, au prix de la contradiction. La conception d'une vie moins linéaire est une manière efficace de se désangoisser.

La culpabilité subjective : le propre du destin névrotique

On l'a vu, l'interprétativité des événements traumatiques et des échecs est un mystère. J'y reviens parce que cette constatation entraîne une question fondamentale : qu'est-ce que la névrose ?

Il est évident que si j'ai une conception dévalorisante de mon échec, je fais naître en moi des idées d'autodévalorisation. Or le propre du destin névrotique, la caractéristique de ceux qui ne se dégagent pas de l'échec est de se sentir inutilement coupables. Voilà ce qu'on appelle la culpabilité subjective. Autant il est parfois positif de se sentir coupable pour de véritables erreurs, autant le sujet névrotique développera une fausse culpabilité.

Je voudrais donner un exemple dans ma pratique : la victimologie. Certaines victimes – pas toutes, je tiens à la préciser – s'estiment coupables de s'être fait agresser. Cette culpabilité subjective a une tonalité névrotique.

— Je me suis promenée le soir, quelqu'un m'a agressée. C'est ma faute, je n'aurais pas dû sortir, m'a dit textuellement une jeune femme.

Développer une lecture autoculpabilisante d'un événement subi, c'est fabriquer inutilement de la culpabilité.

Dans ma pratique de psychanalyste, j'entendais des patients qui se sentaient perpétuellement coupables. En tant que thérapeute, je ressentais un léger agacement au fond de moi… J'avais envie de crier : « Tu vas la lâcher, ta culpabilité ? Arrête de te morfondre. Tu nous ennuies ! »

La culpabilité subjective, ce serait un personnage couvert de plaies et qui gratterait soigneusement ses blessures tous les jours pour être sûr de les faire suinter à nouveau.

— Laisse cicatriser ça, et lâche-nous, voudrait-on lui lancer.

Mais quand j'ai examiné plus tard les auteurs d'actes transgressifs, peu névrotiques et plus égocentriques, je n'ai découvert aucune culpabilité. Une vague honte peut-être, parce que tous étaient au courant de leur faute.

Ce qui m'a frappé, dans ma pratique,
c'est que la culpabilité est mal distribuée.
Certains en font trop, ce sont les névrosés.
D'autres en sont démunis, ce sont les égocentriques.

Aux égocentriques on a envie d'ouvrir les yeux, de leur mettre le nez sur leur crime, de parler de la victime, pour qu'ils sachent, pour qu'ils comprennent le mal qu'ils ont provoqué. Peine perdue. Ces sujets sont tellement centrés sur eux-mêmes, par définition, qu'ils sont peu accessibles à la culpabilité.

Expert au tribunal, j'ai rencontré un condamné qui avait violé et tué une femme dix ans auparavant. Les juges me demandaient s'il pouvait être libéré.

— L'homme que vous êtes aujourd'hui, que pense-t-il de ce qu'il a fait autrefois ? lui ai-je demandé.

Au lieu de me répondre calmement, d'expliquer son acte, l'individu a explosé dans la colère.

— Mais vous me faites chier ! J'ai payé. J'ai fait de la tôle. J'en ai ras le bol !

J'avais soudain en face de moi l'exact contraire de mes patients trop culpabilisés que je recevais sur le divan. Ici, non seulement le remords ou la culpabilité n'existait pas, mais le coupable c'était l'autre, celui qui l'avait condamné, celui qui l'interrogeait pour établir un diagnostic. La situation était retournée comme un gant.

Comment se dégager de la souffrance ?

Il est dans l'ordre des choses d'avoir des enfants névrotiques, mais il faut éviter la cristallisation. Pour éviter de devenir des perdants, des losers, des déprimés, le temps névrotique doit être un temps à durée déterminée. Souffrir d'un échec, quoi de plus normal ? Mais la souffrance doit avoir une fin.

De la même manière, il est dans l'ordre des choses de ressentir un symptôme post-traumatique, mais comment peut-on s'en dégager ? Comment se persuader que l'on n'est plus une victime ? Il est dans l'ordre des choses de se sentir coupable, mais ne grattons pas nos plaies pour les faire saigner encore…

Fabriquer de la souffrance est dans le cours normal de la vie. On est en échec, on nous quitte, on nous abandonne, on rate des projets… Tout cela nous touche pendant un temps, nous en souffrons de manière momentanée, puis il faut en sortir.

Il faut cicatriser de ses blessures pour se dégager de la réaction névrotique et ne pas en faire un destin.

Les gens qui vont être durablement anxio-dépressifs et vont être toute leur vie hantés par leurs peurs et leurs échecs sont fascinés, consciemment ou non, par leur traumatisme et vont sans cesse rouvrir leur plaie douloureuse.

Oui à la réaction névrotique par rapport à des situations douloureuses, mais pas trop. Oui à l'anxiété et à la culpabilisation sur ses échecs, mais avec mesure. Nous devons tous transformer les moments névrotiques, dont nous avons cicatrisé, en pas de tir pour repartir vers une vie nouvelle…

5
Obsessions et toc, notre rapport à la rigidité

Un professeur de psychiatrie nous parlait des degrés possiblement déployés dans ces pathologies de la rigidité. Il évoquait un patient qui rangeait avec un soin extrême ses petites affaires. Un maniaque, dirait-on dans le langage populaire. Un obsessionnel selon les termes psys. Comment connaître l'intensité de son trait de caractère ? Une question et sa réponse lèvent le voile…

— Êtes-vous malheureux, vraiment malheureux, quand les choses ne sont pas rangées comme vous en rêvez ?

Si le sujet répond par l'affirmative, on se situe au début du niveau pathologique. Chez ce patient, le scénario interne non respecté provoque une véritable souffrance. Une autre personnalité préférera, sans doute, trouver ses affaires bien rangées, mais ne souffrira pas fondamentalement de voir l'ordre parfait souhaité un peu bousculé. Malgré cette contrariété, il pourra sortir de chez lui, travailler, vaquer à ses occupations…

Déterminer l'intensité du trait de caractère reste primordial. Cette intensité reste-t-elle discrètement compliquée ou devient-elle franchement insupportable ? Se situe-t-elle dans les traits banals de la vie quotidienne ou a-t-on basculé dans la difficulté d'exister ?

Vous êtes ordonné, organisé, cadré, respectueux de la règle ? Vous accumulez alors les aspects positifs d'une légère rigidité de la personnalité. Mais des traits plus accentués prennent parfois une dimension problématique…

« La règle est faite pour l'homme et non l'homme pour la règle », dit l'adage, mais certains estiment, plus ou moins confusément, qu'en vérité, pour eux, les hommes sont faits pour la règle ! Le respect des règles devient alors l'alpha et l'oméga de leur existence.

Bien sûr, un minimum d'ordre semble indispensable dans la vie en commun. Qui le nierait ? Organiser les tâches, arriver à l'heure, gérer ses dossiers… Les règles sont légitimes pour bien travailler ensemble, pour bien vivre ensemble. Seulement voilà, certains produisent leurs propres règles, très relatives, très discutables, ou interprètent de manière rigide les règles établies.

Ceux-là vont se tourmenter eux-mêmes pour le respect absolu de ces règles accumulées. Ce stylo doit être rangé ici, ce cahier doit être posé là, les clés doivent être disposées de telle manière… Le sujet se persécute et persécute les autres avec ses règles, ses petites règles. On ne soupçonne pas la capacité de certains êtres humains à devenir eux-mêmes créateurs de règlements infinis…

Les règles obsessionnelles du maniaque

La règle constitue une réelle contrainte pour l'obsessionnel puisque, par exemple, il ne peut vivre qu'avec les objets disposés d'une certaine manière. Dans le langage courant, ces gens disent d'eux-mêmes, dans un sourire forcé :

— Je suis un peu maniaque !

Quand ces maniaqueries sont imposées aux autres, dans le couple, la famille, le travail, le maniaque provoque de la souffrance autour de lui. Et plus le maniaque aura d'influence sur la vie des autres, plus il se révélera pesant, persécuteur, agressif. C'est le niveau de la psychopathologie quotidienne, extrêmement fréquente dans la vie courante. Autour de vous, il y a forcément un maniaque, cherchez bien…

Dans de nombreux hôpitaux, le matin est le temps des visites, et la règle est indiquée aux familles. Or, dans un établissement hospitalier où je travaillais, l'oncle d'un patient est arrivé vers 14 heures dans mon service… Il avait fait un voyage de mille kilomètres pour venir voir son neveu. Je m'étais absenté, et la dame à l'accueil invoqua la règle pour annoncer que les visites étaient terminées. Les visites étaient terminées, c'est vrai, mais la venue impromptue de l'oncle ne dérangeait personne… Et la règle alors ? Il ne fallait surtout pas y déroger !

Face à l'oncle venu de si loin, certains auraient accepté de faire une exception, au nom du pragmatisme, au nom du cas particulier. D'autres, en revanche, ont voulu imposer la règle. En effet, des personnalités très cadrées vont avoir tendance à systématiser, parfois jusqu'à l'absurde, les petites règles qui permettent la vie en commun.

Une autre fois, avec un collègue, médecin-expert comme moi, nous devions aller voir un prisonnier incarcéré en maison d'arrêt. Nous nous étions rendus en province et, après avoir visité une première prison, il nous restait assez de temps pour aller dans cette autre prison. Nous n'avons pas téléphoné ni envoyé de fax pour prévenir de notre arrivée, mais nous possédions une ordonnance qui nous permettait de franchir les portes de l'établissement à tout moment. Cela aurait dû suffire, si la règle n'était venue s'immiscer entre notre patient et nous.

— Ah non, nous dit le gardien, vous n'avez pas prévenu, vous n'entrerez pas. Tout médecin-expert doit d'abord envoyer un fax et nous adresser la photocopie de sa mission…

— Mais pourquoi ?

— Ici, c'est comme ça !

Nous lui avons demandé d'appeler son chef. Finalement, après une forte résistance de l'intéressé, le chef tant attendu fut alerté et vint à notre rencontre. Il nous répéta la règle, il s'assura que nous avions bien une autorisation officielle, il constata que nous nous présentions à cette prison pour la première fois et que nous ne pouvions donc pas être informés des règlements internes… Enfin, il arbitra la situation.

— J'aurais préféré que vous nous appeliez auparavant, mais je vais vous laisser entrer.

La règle avait un sens, sans doute, mais l'appliquer de façon absurde compliquait la vie de tout le monde, la nôtre d'abord, celle du juge qui n'aurait pas pu prendre sa décision, celle du prisonnier enfin, qui aurait vu la clarification de sa situation retardée.

Chacun a son imaginaire par rapport à la règle : contraignant pour les uns, souple pour les autres. Mais cette subtilité échappe largement à l'esprit obsessionnel rassuré par une règle mécanique, systématisée, jusqu'auboutiste et un peu agressive.

Déifier ou rendre absolue une petite règle est une des caractéristiques de la pensée obsessionnelle, à quoi s'ajoute un certain plaisir d'ennuyer le monde.

D'ailleurs, pourrait-on vivre avec des règles absolues qui ne souffriraient aucune dérogation ? Oui pour les grandes lois qui régissent l'humanité. « Tu ne tueras point. » Mais pour le reste ? Ouvrir les visites à l'hôpital jusqu'à midi ou faire une petite entorse à 14 heures, accepter deux experts qui n'ont pas prévenu l'établissement à temps… quelle importance pour un esprit adaptatif ?

Mais certaines personnes craignent un monde mouvant, compliqué, fait de dialogues, alors elles s'appuient sur des règles rassurantes et parfois absurdes. Parmi ces règles absurdes et autofabriquées, celle à laquelle nous avons tous joué : marcher sur les dalles du trottoir sans mettre le pied sur les intersections… Cette règle et quelques autres du même genre n'ont pas un intérêt brûlant, mais elles peuvent apaiser un peu l'anxiété, sembler sécurisantes et effacer magiquement la complexité du monde.

Mais à l'autre bout de la chaîne de l'intensité, on trouve des cas nettement plus délirants et infiniment plus contraignants. La hantise des microbes peut rendre la vie difficile, voire impossible, et pas seulement parce qu'il faut sans cesse se laver les mains. Howard Hugues, mort en 1976, avionneur, hommes d'affaires, l'une des plus grosses fortunes des États-Unis, était un grand obsessionnel. À la fin de sa vie, il fuyait les humains, sources de microbes, ne se coupait plus ni les cheveux, ni la barbe, ni les ongles et s'était replié sur lui-même pour se construire un mode de vie délirant, isolé, mais qui le protégeait, pensait-il, des microbes dont il craignait les ravages.

La souffrance des TOC

Et puis, quand le monde n'est pas comme le sujet pense qu'il devrait être, quand celui-ci ne peut plus travailler, quand il se montre terriblement anxieux, nous avons encore franchi une étape pour arriver aux troubles obsessionnels compulsifs, les TOC, bien connus et qui, eux aussi, sont passés dans le langage populaire. Dans ces cas-là, une espèce de rituel, de scénario, est nécessaire pour stabiliser l'angoisse.

J'avais un collègue qui, chaque matin, venait garer sa voiture sur le parking de l'hôpital, il sortait de son véhicule, en faisait le tour dans le sens des aiguilles d'une montre, puis deux tours dans l'autre sens, enfin il regardait sous la voiture... et après – mais seulement après –, il entrait dans le service pour prendre son poste.

Si l'on regarde ce personnage accomplir son rituel, on peut penser, au premier abord, qu'il vérifie seulement si tout va bien. C'est la répétition du rituel immuable qui signe le TOC. Un tour dans un sens, deux tours dans l'autre sens, un coup d'œil en dessous... Un matin, il pleuvait à verse, et nous étions tous à la fenêtre pour voir si notre collègue observerait tout de même son scénario. Eh bien, oui ! Devant notre groupe hilare, mais caché derrière le rideau, il a scrupuleusement tourné autour de sa voiture, indifférent à la pluie battante, et il est entré dans son bureau trempé jusqu'aux os. Mais rassuré.

Le scénario du TOC est donc une création originale, très contraignante, tout à fait illogique, et parfaitement absurde. Mais s'il y a un aspect un peu comique dans cette règle imposée, il ne faut pas négliger la souffrance de celui qui la subit et la souffrance de l'entourage...

Lorsque je demande à des patients de me décrire un proche, quand ils n'arrivent pas à trouver le terme « obsessionnel », ils finissent par me dire franchement :

— Il est pénible !

Celui qui impose à son entourage ses petites règles, celui qui ne peut pas vivre sans respecter ces petites règles finit par se rendre insupportable. Il souffre et fait souffrir autour de lui.

Dans la psychopathologie quotidienne, on connaît le syndrome de vérification. Nous avons tous subi, une fois ou l'autre, ces doutes qui nous assaillent en partant de chez nous. Est-ce que j'ai éteint le gaz ? Est-ce que j'ai arrêté la plaque chauffante ? Est-ce que j'ai éteint les lumières ?

Ces petits rites de vérification sont extrêmement fréquents chez la plupart des êtres humains. La personnalité totalement fluide essaye de se souvenir ou de passer à autre chose. On verra bien… Mais certains reviennent une fois, pour vérifier, et d'autres retournent plusieurs fois sur leurs pas, pour être sûrs.

Ces comportements de vérification peuvent donc être plus ou moins intenses, offrant ainsi un curseur du trait de l'obsessionnalité. Alors, vous voulez être certain de ne plus craindre les oublis, de réfuter définitivement les doutes ? La méthode Vittoz conseille de parler, d'élever une voix interne, de commenter vos actes.

— Je suis en train de fermer le gaz.

Cette voix, la vôtre, peut solidifier la remémoration de l'acte et éviter le doute tardif.

Mais quand le trait obsessionnel devient intense, quand il confine à l'absurde, le mal doit se traiter. Il existe en effet des médicaments contre les TOC qui sont, curieusement, une certaine classe d'antidépresseurs, efficaces pour calmer les comportements obsessionnels. Il y a aussi les thérapies comportementales qui tentent d'analyser le sens des TOC subis et la mécanique mise en marche. Ensuite, il s'agit de déprogrammer les troubles et de les remplacer par des comportements plus souples, mieux supportés.

L'origine de ces maux

Une chose est certaine : on trouve des familles de paranos comme on trouve des familles de diabétiques. Dans la même lignée, on le voit parfois, le grand-père est parano et le petit-fils est parano. Des traits de caractère d'intensité forte vont être retrouvés dans une famille, mais je reste très prudent par rapport à cette vision. En effet, je pense que, pour la compréhension des traits de caractère, il n'y a pas de programmation, ce serait trop mécanique, mais il existe des tendances…

Pourquoi tel patient a-t-il développé un TOC très intense ? On ne peut pas écarter l'hypothèse de fragilités ou de prédispositions génétiques, mais ce pourquoi interrogatif, passionnant sur le plan purement scientifique, ces débats théoriques et spéculatifs ne nous aident en rien ni pour le diagnostic, ni pour l'intensité, ni pour la déprogrammation, ni pour aider et soutenir les obsessionnels compulsifs.

Les interminables débats sur l'origine d'un trait de caractère, les controverses sur l'inné et l'acquis m'intéressent intellectuellement, certes, mais ne m'ont jamais aidé en tant que psy à modifier un comportement. Je ne saurais pas dire pourquoi celui-ci est un grand parano, mais je sais diagnostiquer son mal, je sais en diagnostiquer l'intensité et je connais tous les jeux comportementaux pour essayer de diminuer, de contrer ou d'apprivoiser ces traits de caractère.

J'ai observé deux enfants, de deux et trois ans, dans une famille de mes amis. Quand ils n'avaient pas été sages, le père exprimait une certaine violence verbale. L'intensité de la force de la voix du père faisait systématiquement pleurer Claudia, l'aînée, et pour un bon moment.

Quant à Marc, son petit frère, il pleurait aussi… Mais en l'observant je voyais bien qu'il mimait les pleurs, tout en regardant son père du coin de l'œil, et se mettait à rire franchement dès que le père avait tourné le dos.

On voit ici qu'avec le même impact, le même personnage paternel, deux psychismes, deux systèmes nerveux, peuvent réagir de manière différente. Même si certains pensent que le système nerveux est une zone vierge où l'on accumulerait lentement toutes nos expériences, il me semble que l'on trouve des potentialités de réactivité des systèmes nerveux et des caractères différenciés d'un individu à l'autre. Il y a des enfants plus passifs, d'autres plus encaisseurs, d'autres plus réactifs…

Devant une situation donné, l'un va développer un TOC et l'autre va se montrer plus fluide. Pourquoi ? Je n'ai pas de réponse absolue, mais il y a sans doute des prédispositions potentielles, des prédispositions qu'il ne faut pourtant pas voir comme une fatalité. La vie a plus d'inventivité que cela.

Par exemple, est-ce que la petite Claudia, qui pleure si amèrement à trois ans, ne sera pas capable – à six ou sept ans – de se révéler être une meilleure encaisseuse des colères paternelles ? Et Marc, qui rit derrière le dos de son père, s'il vivait soudainement mal la réprimande ? Rien n'est gagné une fois pour toutes : la plasticité de l'esprit humain peut réserver des surprises. Tout se rejoue toujours… J'aime bien cette idée.

Le caractère des êtres humains est potentiellement psycho-réversible et psycho-modifiable.

En revanche, si l'on ne cherche pas à savoir qui on est, si l'on n'interroge pas ses traits de caractère, si l'on ne se fait pas aider pour modifier certains comportements qui nous nuisent ou sont un peu excessifs ou légèrement angoissants, on risque, à l'âge adulte, de rester fidèle à soi-même pour le meilleur et pour le pire.

L'hypocondrie, une autre forme d'obsession ?

L'hypocondrie est une inquiétude obsédante centrée sur la peur des maladies, de toutes les maladies. Elle pousse le sujet à consulter tout type de spécialiste pour tenter de se rassurer.

L'intéressé sait qu'il est hypocondriaque et que, le plus souvent, il n'a rien. Mais il ne peut s'empêcher de courir d'un médecin à un autre.

Cette obsession permanente de la maladie est une forme déguisée de notre peur de la mort.

Deuxième partie

La folie, quelle folie ?

Dans le langage populaire, la folie semble s'insinuer partout. On qualifie souvent de folie un trait de caractère trop intense, un dérèglement, voire une excentricité. « Il est fou », dit-on facilement du jaloux, du maniaque, du parano, du mégalo…

Pour clarifier les choses, on pourrait déterminer trois types de folie en une pente ascendante.

— La folie du collègue trop maniaque qui ne ferait pas de mal à une mouche, mais éreinte les autres par son trait de caractère accentué.

— La folie des comportements destructeurs et violents.

— La folie de la maladie mentale.

Pour le psychiatre, la maladie mentale se repère par des affections que l'on peut diagnostiquer et traiter, notamment par des médicaments. La folie consiste donc en pathologies clairement répertoriées. De mon point de vue, cette définition correspond essentiellement à deux maladies : la schizophrénie et la psychose paranoïaque.

Là aussi, ces maladies, leurs noms, leurs définitions, sont sortis du domaine psy pour envahir le vocabulaire populaire. Schizo… parano… On y applique avec véhémence quelques fantasmes, quelques approximations, quelques erreurs.

Il est peut-être temps de remettre les pendules à l'heure.

Dans la schizophrénie et la psychose paranoïaque, le sujet est en dehors de la réalité. Son rapport au monde a dérapé…

Les schizophrènes représentent un pour cent de la population, c'est donc une maladie relativement répandue : plus d'un demi-million de cas en France.

La caractéristique de la schizophrénie est de produire un délire… par définition hors de la réalité. Ce délire va avoir des thèmes parfois spectaculaires, comme le délire de filiation grandiose ou le délire cosmique : dans le premier cas, on se prendra pour le fils du général de Gaulle ou de Napoléon, dans le second on se croira Dieu le Père ou Jésus… Sans oublier les délires mégalomaniaques au cours desquels le sujet s'attribue des pouvoirs extraordinaires, et les délires de persécution, quand le malade est persuadé que le monde entier a les yeux braqués sur lui afin d'élaborer d'étranges stratégies pour le tourmenter.

Ces délires ont des mécanismes. Le plus fréquent, le plus connu est le délire hallucinatoire. Le malade entend des voix !

Mais ce mécanisme d'hallucination est assez mal structuré. En écoutant un schizophrène raconter son délire, on n'y comprend rien, on ne saisit que des bribes du discours, le récit part dans tous les sens sans organisation, sans lien apparent…

Quant à la psychose paranoïaque, cette autre forme de la folie, c'est un délire intense de l'interprétation. L'un de mes patients était persuadé que sa femme voulait le quitter et que, pour mettre son dessein à exécution, elle payait des hommes chargés de rendre son mari homosexuel ! Et le drame, c'est qu'il a fini par tuer un de ces hommes croisés dans la rue et qui l'avait, peut-être, regardé un peu trop fixement. Ici, l'interprétation est folle, au sens littéral, pas simplement par son intensité, mais aussi par son absurdité.

Ces délires chroniques se distinguent de la schizophrénie dans la mesure où ils respectent une partie de la personnalité : en dehors du thème du délire, tout le reste est adaptatif. Cet homme persuadé que sa femme voulait le rendre gay était apparemment normal, il faisait du sport, il commentait les émissions de télé, il avait un avis sur la politique, il travaillait… Rien dans sa personnalité ne laissait transparaître sa folie.

Ces précisions étant données, revenons maintenant sur cette « folie » au sens populaire, celle que nous croisons à divers degrés, celle qui n'a pas tout à fait quitté la réalité…

6
De la dépression à l'euphorie, les troubles de l'humeur

Comment réagissons-nous quand un événement nous afflige dans notre vie affective, dans notre vie amoureuse, dans notre vie familiale, quand un grain de sable complique notre activité au travail, quand un projet s'effondre ?

Trois niveaux de réaction vont nous permettre de mesurer l'intensité des répercussions possibles.

Le premier, c'est le niveau du blues. J'ai un peu de vague à l'âme, un peu de tristesse. Ce n'est pas la dépression, mais une tonalité dépressive. Un psy parlerait de « vécu dépressif ». Tout se passe comme si la tristesse ne s'éveillait que dans un seul domaine. J'ai l'impression que l'objet aimé est moins disponible, je suis un peu triste, mais le reste de ma vie va bien. Le blues, c'est la petite note affligée qui prouve que nous sommes des humains et non des robots. Rien de plus normal que d'éprouver, de temps en temps, une petite tristesse, une légère souffrance, la vie n'est pas toujours euphorisante.

Ensuite, nous atteignons le niveau subdépressif, un mot que j'ai contribué à populariser, mais que je n'ai pas inventé. Il y a le Coca light, voici la dépression light ! Nous sommes devant la forme non clinique, non médicale de la dépression. Le sujet se traîne un peu, mais il vaque à ses occupations et se rend au travail, il a moins d'énergie, il dort mal, mais dort quand même.

« À quoi bon la vie », se demande-t-il, tout lui paraît lourd, l'ensemble de l'existence se colore de gris… Les choses peuvent en rester là ou régresser brusquement. On se réveille un beau matin comme si l'on avait chaussé des lunettes bleues, le monde a retrouvé sa couleur.

Récemment, un collègue s'est confié à moi.

— Il y a un an, ma femme m'a quitté, je ne sais pas si un jour je serai à nouveau amoureux… J'ai des relations, mais aucune ne m'emballe. Mon travail, je le fais bien, mais je ne m'y intéresse plus, les gens m'ennuient. J'aimerais exercer une autre activité, mais je ne sais rien faire d'autre.

Le monde de ce collègue est fade, momentanément rien ne l'illumine. Il vit, mais sans le bel éclairage d'une vie affective réussie, et son métier l'agace… Il est nettement en situation subdépressive.

Ce niveau subdépressif est à traiter avec attention car il peut, dans certains cas, basculer dans la dépression, la vraie. Parfois, heureusement, il reflue vers le blues puis vers la vie normale, mais l'état du subdépressif est aussi susceptible d'empirer. Si l'un de vos proches voit le monde en gris, le moment est venu de le faire examiner par un psychothérapeute. Le médecin pourra diagnostiquer l'état subdépressif et évaluer les risques dépressifs.

Le troisième niveau est celui de la dépression. Ce niveau médical est atteint quand la tristesse face à la vie devient visible, évidente. Quand un événement nous préoccupe à un point intense, on y songe sans cesse, on a des flashs, la préoccupation devient omniprésente, on y pense, on y repense. La nuit, on dort mal. La journée, plutôt que de nous concentrer sur notre activité, nous laissons le tourment qui nous dévore s'imposer à tout moment. Nos nuits et nos jours sont perturbés, parasités par le souci qui nous obsède. Quand ces deux mouvements, diurne et nocturne, s'intensifient, c'est la dépression.

Pour les bavards, on entendra cet accablement dans un discours mâtiné d'idées de suicide. Pour les renfrognés, une mimique triste et figée constituera une alerte bien réelle. Parallèlement, l'appétit et le sommeil se dérégulent, et le sujet entre dans un cercle infernal : ne pas dormir renforce la dépression. La privation de sommeil fait flamber l'être humain.

Un conseil très simple de prophylaxie : si vous ne dormez pas pendant trois nuits, consultez vite ! En effet, même si la dépression est encore légère, elle va obligatoirement s'aggraver.

Par ailleurs, la perte de poids et plus rarement la prise de poids peuvent aussi constituer des marques de la dépression. Sans oublier les bouffées anxieuses qui surviennent sans que l'on n'en comprenne les raisons : le système nerveux produit une angoisse pas toujours motivée, le cœur bat, le désarroi monte… Dans cette symptomatologie anxio-dépressive, le corps produit de la tristesse et de l'anxiété.

Hantises de suicide, perte de l'appétit, troubles du sommeil et bouffées anxieuses sont les signes certains de la dépression.

Les cinq formes de la dépression

La forme la plus simple, la plus courante, c'est la dépression réactionnelle, c'est-à-dire en réaction à un événement. Ma femme me quitte, mon patron me harcèle, mon fils se drogue… Quand tout le discours du déprimé tourne autour d'un thème, nous sommes en présence d'une dépression réactionnelle. Cette dépression réactionnelle, elle est humaine, elle traduit l'intensité de la préoccupation et si on la traite, elle va généralement guérir. Comment peut-on la guérir si sa cause initiale ne disparaît pas ? Eh bien si le fils se drogue toujours, on va aider la mère dépressive à être une meilleure encaisseuse, on va la soutenir afin qu'elle puisse gérer son souci de façon plus tonique, on va lui permettre de revenir soit au niveau subdépressif soit au niveau du blues. Selon les cas, les antidépresseurs, les anxiolytiques, les hypnotiques et la psychothérapie peuvent aider à sortir de la dépression.

Ensuite, deuxième type de dépression, assez fréquent parce qu'on a tous des fragilités : la dépression névrotique. Il y a une raison à cette dépression, un souci majeur, mais la déstabilisation va se faire plus profonde, plus ravageuse. Indépendamment de son fils drogué, cette mère, qui avait déjà des idées d'autodévalorisation et n'était pas totalement sûre d'elle, va se mettre à culpabiliser.

— C'est ma faute, ne cessera-t-elle de répéter à propos de son fils toxicomane.

La troisième dépression est celle des *borderlines*, les états limites, des personnalités mal structurées, des caractères en permanence à la limite de l'instabilité.

Le quatrième type est la dépression du psychotique, celle du malade mental, schizophrène ou délirant chronique qui déprime… Ce n'est pas parce qu'il est schizophrène que sa petite amie ne peut pas l'abandonner !

Enfin, voici, en cinquième forme, les troubles bipolaires…

La réalité augmentée des bipolaires

Jadis, on appelait ces troubles la psychose maniaco-dépressive, « maniaco » ne voulant pas dire ici maniaque, mais excité, euphorique. C'est aujourd'hui la maladie bipolaire. Certains individus ne sont ni vraiment normaux, ni franchement subdépressifs, ni simplement déprimés, ils ont des hauts et des bas spectaculaires. Leur euphorie comme leur déprime sont des états cliniques.

Bien souvent, les bipolaires ne cherchent pas trop à se faire soigner. Évidemment, dans les moments de hauts, tout est si merveilleux, même si leur activité débridée n'est pas très productive, même si la machine tourne généralement à vide… Pourtant, chez certaines personnes bien organisées, agissantes, on peut découvrir un réel souffle de créativité dans ces moments-là.

Cette dépression bipolaire n'est pas traitable par la seule psychothérapie, alors que la dépression névrotique et la dépression réactionnelle pourraient certainement être guéries sans médicament. Ici, le trouble est trop intense, l'horloge biologique de l'humeur trop déréglée.

Je me souviens d'un jeune homme de vingt-quatre ans qui décrivait son brillant avenir, ses projets architecturaux qu'il allait imposer en Amérique latine, les voyages qu'il y ferait bientôt, l'importance de son œuvre future… Dans un moment dépressif, ce garçon s'est tué d'un coup de fusil de chasse. Il avait sans doute des difficultés personnelles, des études jamais terminées, des rapports difficiles avec les demoiselles, mais tout cela n'explique pas un geste aussi définitif. Ce garçon, génétiquement fragile, souffrait d'une perturbation de l'humeur suscitant chez lui des hauts et des bas successifs qui ont provoqué le drame.

Les troubles bipolaires débouchent sur des comportements excessifs. Dans la période de dépression, le malade pense au suicide ; dans les moments d'euphorie, il élabore des projets aussi grandioses que flous et déstructurés, des résolutions qui ne verront jamais un début d'accomplissement, bien sûr.

Ce champ des troubles de l'humeur ne mérite pourtant pas le mot de « folie », on peut seulement dire que l'humeur du sujet se trouve maladivement dérégulée… Des troubles qui ne sont liés ni à sa personnalité ni à des événements extérieurs. Ce n'est donc pas la personnalité elle-même qui dysfonctionne, nous sommes devant une fragilité du système neurobiologique, sans mobile apparent, sans raison déterminée, une dépression autoprogrammée devrait-on dire. Dans certains cas, ce dérèglement peut être provoqué ou encouragé par une discrète prédisposition familiale, même si ce n'est pas systématique.

Pour remettre à l'heure l'horloge biologique perturbée de ces sujets *up and down*, un diagnostic sûr est indispensable. En effet, la dépression ne signe pas obligatoirement la maladie bipolaire, tout le monde risque d'en être victime un jour ou l'autre. On peut être déprimé de façon réactionnelle en raison d'un deuil, d'une séparation, d'une perte d'emploi. Par ailleurs, certaines personnalités fragiles, autodévalorisées, anxieuses, passent parfois par des phases dépressives et s'en remettent finalement.

Diagnostiquer et prendre en charge la maladie bipolaire est capital : cela peut sauver des vies et rendre l'existence des patients moins pesante.

Après avoir diagnostiqué la maladie bipolaire, le psychiatre pourra administrer au patient un médicament ciblé, un thymorégulateur, efficace stabilisateur de l'humeur. Il ne s'agit pas ici de simplement remonter le moral d'un sujet déprimé, il faut agit en profondeur.

Avant 1971, les troubles bipolaires n'étaient pas ou que mal diagnostiqués, et surtout cette affection grave ne se soignait pas vraiment. La découverte des sels de lithium a changé la vie de bien des malades.

Ainsi, cet homme d'affaires américain fabriquait des boîtes à musique, c'était un personnage créatif, actif, qui parcourait le monde pour vendre ses petits objets artistiques. Seulement voilà, il faisait une dépression tous les automnes…

À cette époque, le lithium n'était pas encore utilisé et, pour lutter contre son état de mal-être récurrent, ce personnage suivait une cure psychanalytique depuis dix ans. Les séances sur le divan ne semblaient pourtant pas avoir le moindre effet puisque le patient rechutait immanquablement à chaque retour des feuilles mortes.

Un jour, son psychiatre lui a parlé de la psychose maniaco-dépressive, comme on disait alors, la maladie bipolaire d'aujourd'hui. Le patient a été mis sous sel de lithium… et n'a plus jamais fait de dépression !

— Alors, monsieur, qu'en pensez-vous ? lui a-t-on demandé. Vous avez été traité par la psychanalyse, cela n'a eu aucun effet sur votre dépression, mais le sel de lithium vous a sauvé.

Sa réaction a été éclairante…

— Quand je ne pouvais pas dormir, quand je ne pouvais pas travailler, ma dépression était une maladie biologique qui a été finalement traitée par un médicament. La psychanalyse, de son côté, ne m'a pas guéri, mais elle m'a aidé à être plus humain, plus sincère, mieux dans ma peau, mieux dans ma propre vie, mieux dans ma vie de famille, mieux dans mon entreprise.

Bref, le médicament avait traité sa dépression clinique et la psychanalyse avait amélioré sa capacité relationnelle avec lui-même et avec les autres.

Cette anecdote me semble un beau message envoyé à tous les déprimés, à tous ceux qui doutent de la psychanalyse, à tous ceux qui craignent les médicaments, à tous ceux qui s'interrogent pour savoir s'ils ont besoin de lithium ou d'un divan…

Ma dépression a-t-elle besoin de médicaments ou relève-t-elle simplement du champ de la vie relationnelle ? Comment dois-je me traiter pour être mieux dans ma peau, pour me montrer plus lucide, plus clair sur moi-même et plus clairvoyant pour gérer ma vie relationnelle ?

Il faut savoir que si les psychothérapies travaillent sur l'image de soi et sur la relation humaine, elles ne guérissent pas les dépressions bipolaires. La lumière portée par le fabricant de boîtes à musique sur son double traitement a été, pour moi, une des inspirations dans ma manière de traiter les différentes dépressions qu'éprouvaient ceux qui venaient me demander de l'aide.

Cet homme avait bien compris que la dépression pouvait être une affection neurobiologique qui relevait de médicaments. Mais il avait perçu parallèlement que, si le traitement psychanalytique n'avait pas eu d'effets sur sa dépression, il avait quand même enrichi sa vie personnelle. Il était désormais moins angoissé, plus à l'aise, et gérait mieux ses rapports humains avec sa femme, ses enfants, ses employés…

7
L'insondable mystère des actes fous

Leur acte est fou, mais eux ne sont pas fous… Ainsi pourrait-on résumer ces troubles de la personnalité qui conduisent à des comportements violents, hors-norme, ces actes qui nous sidèrent.

Je me rappelle ce journaliste qui venait d'apprendre que les psychiatres avaient déclaré que le tueur en série accusé et condamné n'était pas fou.

— Si le type qui tue plusieurs personnes par plaisir n'est pas fou, qui est fou ? me demanda-t-il, un peu interloqué.

Quand le trait de caractère est intense, le sujet n'est pas atteint par la folie au sens de la maladie mentale, mais il développe une folie de caractère. Certains sujets, par exemple, ont des traits paranoïaques, mais demeurent dans une personnalité normale. D'autres font preuve d'un caractère paranoïaque, ce qui représente déjà une cristallisation du trait. Enfin, troisième niveau, le trait de personnalité prend une telle force, une telle expression, une telle intensité, qu'il nous entraîne dans l'excès et la fureur. Nous sommes alors dans une forme exacerbée du trouble de la personnalité. Celui des grands criminels qui alimentent la rubrique des faits divers par leur terrifiante démesure.

Dans le regard porté sur les personnalités hors norme, il convient de distinguer quatre manières de passer à l'acte, quatre façons de s'exprimer dans l'abjection et le sang qui sont devenues presque mythiques.

D'abord, le serial killer, le tueur en série, l'assassin qui tue et tue encore, qui commet des meurtres avec un temps de latence plus ou moins long entre chaque épisode, un tueur répétitif donc, popularisé par de terribles faits divers, par des séries télé et des films.

Ensuite, le meurtrier de masse qui, lui, procède de manière différente. Il abat de nombreuses personnes en une seule fois. En France, on a connu Richard Durn, qui a assassiné huit élus du conseil municipal de Nanterre en 2002. Aux États-Unis, en 2007, un étudiant nommé Cho Seung-hui a abattu trente-deux personnes sur le campus de l'université Virginia Tech, en Virginie.

Troisième figure, celle du terroriste, à l'image de Mohammed Merah qui, en 2012, a assassiné sept personnes à Toulouse et à Montauban.

Enfin, le crime immotivé, quand rien ne semble venir justifier le geste assassin.

Autant de crimes que des psychiatres ont pu considérer comme des actes de fous. En non sans arguments ! Tueurs en série, meurtriers de masse, terroristes, assassins sans mobile sont des individus dont la problématique de la personnalité va jusqu'à envisager froidement de supprimer un être humain que souvent ils ne connaissent pas. La plupart des autres assassins, les jaloux, les vindicatifs, les désespérés, tuent par passion, explosent dans un orage émotionnel, perdent le contrôle d'eux-mêmes avant d'accomplir le geste irréparable…

Pour l'assassin sans mobile dans ses différentes déclinaisons, tuer son semblable s'impose comme un objectif de sa mégalomanie, un projet de sa paranoïa.

Devant ces personnages hors norme, ces personnalités « folles » au sens populaire, notre incompréhension demeure totale, nous sommes tous perplexes, tétanisés, face à ces boursouflures démesurées de l'ego. Une telle démence nous paraît totalement inenvisageable, et nous avons parfois le sentiment de nous trouver face à des mutants, comme si ces criminels n'étaient pas faits de la même pâte que nous, comme s'ils s'étaient échappés de l'humaine condition.

Leurs crimes nous frappent par l'horreur déployée, bien sûr, mais aussi parce que nous sommes banalement incapables d'imaginer un acte aussi fou. Notre incompréhension nous pousse donc à plaquer ce mot, fou, sur ces criminels tant ils apparaissent, dans leurs actes et dans leur personnalité, éloignés des humains à qui l'on pourrait s'identifier.

Tout au long des chapitres précédents, j'ai tenté de décrire des traits de caractère où le lecteur pouvait, plus ou moins, se reconnaître et reconnaître ses semblables. Avec ces assassins, nous sommes ailleurs, dans une autre dimension. Ces personnages suscitent en nous la haine, l'effroi, le dégoût… Alors tentons de détailler leurs différents profils.

Le serial killer, point extrême de la destructivité

Michel Fourniret représente le serial killer sans doute le plus extrême, le plus égocentré dans sa mégalomanie. Mon confrère

Daniel Zagury a souligné justement que cet individu lui paraissait « le tueur en série français le plus achevé ».

Né en 1942, Fourniret a été condamné pour des faits de voyeurisme et de violence en 1966 à Nantes et en 1973 à Verdun. Incarcéré en 1984 pour viols sur mineurs, il a été jugé et condamné en juin 1987 par la cour d'assises de l'Essonne à cinq ans de prison. Libéré fin 1987 après trois années d'emprisonnement, en partie en préventive, il s'est installé dans l'Yonne. Il épousa en troisièmes noces Monique Olivier, qu'il avait connue par un journal de petites annonces et qui était devenue sa visiteuse de prison. En 1990, il acheta un manoir dans les Ardennes grâce à un magot volé à un ancien codétenu et au meurtre de la compagne de celui-ci. Ensuite, il s'installa dans les Ardennes belges avec sa femme et leur fils. En juin 2003, il a été arrêté en Belgique suite à l'enlèvement raté d'une jeune fille, qui avait noté le numéro de la plaque minéralogique de la camionnette dont elle avait pu s'échapper. En 2004, Monique Olivier révéla à la police belge une partie du parcours criminel de son mari. Celui-ci passa aux aveux peu après. Au total, Michel Fourniret avoua huit meurtres de jeunes femmes, de jeunes filles et de fillettes... Trois d'entre elles étaient âgées de douze à treize ans. Des meurtres commis en France et en Belgique entre 1987 et 2001. Il reste toutefois soupçonné de plusieurs autres meurtres. Le procès en assises s'est déroulé en 2008 à Charleville-Mézières : Michel Fourniret et Monique Olivier ont été condamnés à la réclusion criminelle à perpétuité, réelle pour lui, avec vingt-huit ans de sûreté pour son épouse.

Lors de son procès en 1987, Fourniret a été décrit par l'expertise psychiatrique comme « un homme dangereux, obnubilé par le fantasme de la virginité chez ses victimes ».

Cherchant à justifier le silence auquel il s'était astreint devant le refus de la cour de lui accorder le huis clos qu'il demandait, il se définissait ainsi lui-même : « La présence d'une assistance composée de X fois plus de curieux et de désœuvrés de toute qualité que de personnes concernées muselle inévitablement le coupable que je suis, c'est-à-dire un être mauvais et dénué de tout sentiment humain… »

Au cours de ce procès, deux aspects ont dominé : d'une part, l'enfance et le passé de Fourniret et, d'autre part, sa personnalité pompeuse, emphatique, grandiloquente, maniaque, pour le dire dans des termes du langage commun.

Fourniret, comme d'autres tueurs en série, avait une vie sociale indépendamment de ses meurtres. Des gens ont fréquenté cet épouvantable assassin sans savoir qui il était ! Il voyait de temps en temps ses voisins, il sortait, il avait un minimum de relations sociales. Alors s'impose à nous l'image du docteur Jekyll et de Mister Hyde… Fourniret serait presque monsieur Tout-le-monde certains jours, et à d'autres moments, habité par un esprit diabolique, il irait enlever des jeunes filles pubères pour les violer et les tuer. En clair, son trait extrême de mégalomanie n'avait pas envahi toute sa personnalité ; il restait en contact avec la réalité, donc il n'était pas fou au sens psychiatrique du terme.

En étudiant quelques serial killers, j'ai constaté qu'à l'instar de Fourniret, ils s'étaient déjà, par le passé, avant le premier meurtre, rendus coupables de viols ou d'actes violents, mais cela ne suffit pas à faire le tueur en série. Arrive, dans un parcours chaotique, le moment clé, celui du passage à l'acte, la mort donnée… Cette première rencontre avec le meurtre peut être occasionnelle, quand la violence dérape ; elle se trouve parfois programmée, mais dans tous les cas il se passe quelque chose à cet instant… Le futur serial killer tue pour la première fois. Dans cette transgression majeure, il découvre un certain plaisir et la quintessence de la toute-puissance. Transgression majeure, effectivement : on ne peut pas commettre un acte plus antisocial que le meurtre. Toute-puissance incontestablement : quel plaisir pour l'assassin de menacer sa victime, de lui faire peur, d'éprouver un sentiment de domination absolue. Je la viole et je la tue, défi extrême !

La plupart des tueurs en série ont agressé, séquestré, violé et tué une première fois. Ensuite, dans une espèce de logique, par une sorte de force qui se met en place, par un trouble plaisir recherché, tout recommence. Aller encore jusqu'à l'extrême… Aller encore jusqu'à tuer…

L'essence du tueur en série est donc de découvrir dans le premier homicide, volontaire ou non, un plaisir psychique : le plaisir de tuer. Ce plaisir devient une forme d'accomplissement et transforme l'assassin en génie de la destructivité… Oui, je dis bien « génie », non pas dans le sens de « talent » ou de « création », mais dans celui de « réalisation ».

Nous sommes généralement fiers de ce que nous pouvons réussir, dans le positif, la création, la construction… Le serial killer semble être notre double inversé. Il se réalise dans ses activités de mort.

Devenir le partenaire d'une personne que l'on aime, réaliser un projet, réussir un examen, faire fonctionner une entreprise… Voilà ce qui rend heureux la plupart d'entre nous. Chez le tueur en série, on trouve une espèce de fierté du négatif, satisfaction de pouvoir accomplir un acte destructeur, plaisir de faire ce que les autres humains ne sont pas même capables d'imaginer. Et ce génie destructeur fonde l'identité du tueur.

Je me souviens d'un vieux film américain… Deux serial killers se rencontrent à la bibliothèque de la prison. Un dialogue délirant s'engage.

— Combien as-tu tué de gens ? demande le premier.

— Non, je ne te dis pas. Dis-moi toi, d'abord…

— Euh… douze.

— Je te bats, j'en ai fait quinze !

— Haha, je t'ai menti, c'est pas douze, c'est vingt. C'est moi qui te bats !

Des gens banals vont discuter du nombre de projets qu'ils ont menés à bien ou du nombre de conquêtes qu'ils ont séduites… du positif ! Dans le film, le compte sordide se fait à propos des choses atroces, et celui qui a tué davantage se sent plus fort, plus puissant, plus original que l'autre ! Cette œuvre de fiction a traduit, en quelques répliques, ce qui fonde l'identité profonde du tueur en série. Effectivement, il se réalise dans la destructivité et son « tableau de chasse » fait son orgueil intime : plus il tue, plus il pense devenir unique.

Par le fait de tuer à répétition, de devenir unique, de se réaliser dans la destructivité, ces personnalités extrêmes se sentent plus importantes que le commun des mortels. Vivre sans la limite d'un tabou fondamental les gratifie narcissiquement. En fait, ces tueurs semblent satisfaits de sortir de la normalité. En effet, l'indifférence au tabou de la vie n'est pas fréquente…

Chez tous les patients que j'ai rencontrés, y compris les délinquants, la règle la plus respectée restait toujours le fameux commandement « Tu ne tueras point ». J'ai vu des gens qui cognaient, volaient, violaient même, mais chez la quasi-totalité de ces criminels, j'ai trouvé le respect de la vie. Tuer sans y être amené par la passion et l'émotion, tuer pour le plaisir de tuer, tuer froidement traduit une imagination extrême et rare. De fait, ce genre de tueur revendique son originalité en entretenant ce fantasme grandiose et mégalomane : être quelqu'un d'unique ! Plus je tue d'humains de sang-froid, de façon déterminée, et plus je vais représenter dans l'histoire de l'humanité quelqu'un d'inattendu, plus je vais incarner une figure exceptionnelle et remarquable… Le serial killer est un des points extrêmes de la destructivité, de la mégalomanie, de la toute-puissance.

La trace revendicatrice du meurtrier de masse

Le meurtrier de masse est celui qui tue, d'un coup, le plus grand nombre de personnes. Qui est-il ? Qu'est-ce qui le pousse à son acte effrayant ? Généralement, il s'agit d'un paranoïaque qui se sent maltraité, mal aimé, méprisé… Il n'est pas le seul à ressentir des sentiments de déception et d'exaspération, mais chez lui la peine et la rancœur s'expriment au carré, dans une fuite démente. La plupart des gens, vous, moi, éprouvons parfois de la colère, il nous arrive, comme à lui, d'avoir envie de crier ces mots rageurs : « Vous allez voir qui je suis », mais nos petits éclats, nos petites vengeances, nos petits emportements demeurent dans le domaine du banal. On explose un peu, et puis on oublie.

Lui, il passe à l'action sur fond de dépression et d'échec social… Fantasme compensateur de ce vécu persécutif, il veut montrer aux autres qu'il existe ! Il veut blesser, humilier, frapper tous ces gens qui lui font horreur, ceux qui aiment la vie, ceux qui chantent, qui dansent, qui vivent enfin. À tous ceux-là, il veut faire connaître sa véritable personnalité, leur signifier son importance. Et pour que le monde indifférent prenne enfin conscience de sa présence sur terre, il élabore ce projet étonnant de détruire des vies, de nombreuses vies, en un seul coup. Il va dans une école, il abat dix, quinze, vingt de ses camarades ou de ses professeurs, persuadé de devenir ainsi quelqu'un d'unique !

« Vous allez voir de quoi je suis capable… » Dans ces termes, souvent répétés sous différentes formes par les tueurs de masse, on lit la mégalomanie de la destructivité : pour vous montrer qui je suis, je vais commettre un acte exceptionnel, et vous vous souviendrez éternellement de moi !

Ici, la mégalomanie du sujet amplifie l'angoisse, déforme la réalité et prépare le drame. Pour compter aux yeux des autres, pour espérer rester dans l'Histoire, il doit prendre une initiative dont le monde se souviendra. De nombreux tueurs de masse, soucieux de leur renommée, annoncent sur la Toile leurs crimes à venir. Ils cisèlent une image d'eux-mêmes destinée à la postérité. Voilà qui j'étais… Voilà pourquoi j'ai fait cela… Ils laissent une trace en espérant marquer durablement leurs contemporains. Trace d'autant plus importante qu'elle sera la dernière. Leur propre mort est au bout de la séquence ! Eh oui, le scénario établi par le meurtrier de masse finit généralement par son suicide ou son exécution par la police.

D'autres cherchent à se venger avant de mourir, moins destructeurs, moins mégalos, ils laissent une lettre, révèlent un secret, dissimulent un héritage, que sais-je ? Les meurtriers de masse, eux, représentent un condensé de mal-être, ils imaginent se laver de leur difficulté à exister par un acte qui deviendra une empreinte folle d'eux-mêmes… au prix de leur propre vie !

Ici encore, la préparation de l'acte, et notamment son annonce sur les réseaux sociaux, montre que le tueur de masse n'a pas coupé le contact avec la réalité. Donc si son acte est fou, lui ne l'est pas.

Paranoïa et mégalomanie : les caractéristiques du terroriste

Au degré banal, le parano-mégalo ennuie son entourage et complique la vie de ses proches. Mais quand les deux axes, paranoïaque et mégalomaniaque, atteignent une intensité extrême, on obtient ces figures délirantes, des personnages animés par une conviction idéologique plus ou moins alimentée par une subculture confuse, des meurtriers capables de tuer de façon organisée, de manière froide, sans affect, en revendiquant hautement leur acte.

On se souvient du Norvégien Anders Breivik qui, en 2011, a exécuté soixante-dix-sept personnes pour des raisons pseudo-politiques : empêcher la destruction de l'identité norvégienne de souche menacée par l'invasion d'une culture étrangère… Pour dénoncer le parti travailliste norvégien, à ses yeux traître à la cause nationaliste, Breivik a élaboré le projet hallucinant de tuer un maximum de jeunes gens liés à la mouvance socialiste et réunis sur l'île d'Utoya. Ce fait divers médiatisé dans le monde entier a provoqué l'incompréhension et suggère seulement cette question : pourquoi ?

Au moment du procès, on a assisté à un débat entre psychiatres : Breivik est-il fou ? Une première expertise soutenait que l'individu était un schizophrène avec aménagement de caractère paranoïaque. Selon ces médecins, l'assassin d'Utoya était un fou à enfermer plutôt qu'à juger… Peut-être, mais lui-même exigeait d'être tenu pour responsable de ses crimes, une revendication d'ailleurs courante chez les sujets intensément paranos.

Ensuite, un autre expert psychiatre en a jugé différemment : Breivik souffrait de troubles de la personnalité à haute intensité, certes, mais se trouvait pénalement responsable de ses actes.

Pour tenter de comprendre, il faut revenir à la personnalité du tueur, au côté excessif du projet, à la conviction inébranlable qui met en branle l'action. Breivik représente le condensé terrifiant d'une détermination à la fois mégalomaniaque et paranoïaque. Le criminel s'est nourri d'une idéologie présente sur Internet et ailleurs – celle des mouvements identitaires –, mais cela ne peut suffire à créer un tel assassin. Le facteur personnel et le prisme de sa personnalité pathologique ont produit cet acte singulier.

Comment un homme peut-il commettre un acte aussi fou ? On voudrait le considérer comme fou, tentation de la Justice et de la société norvégiennes. Son acte est fou, mais il n'est pas fou… Et le tribunal d'Oslo a été obligé de le juger, reconnaissant ainsi la responsabilité de ce criminel.

La folie apparente du crime sans mobile

Parfois, mystère insondable, l'assassin n'a aucune volonté de violer, aucun désir de domination, aucune revanche à prendre, aucune opinion à faire triompher…

Dans le crime immotivé, l'acte semble échapper à toute compréhension et la logique s'y brise. Les psychiatres ont longtemps considéré que ces crimes sans mobile apparent traduisaient à coup sûr la maladie mentale de leurs auteurs. C'est au délire de la schizophrénie que les assassins auraient répondu en accomplissant leur geste… Les experts établissaient une corrélation directe entre crime immotivé et crime de fou.

L'expérience m'a montré que le crime immotivé pouvait être, lui aussi, une forme de réalisation négative et destructrice à travers un projet vécu comme grandiose…

L'histoire la plus originale que j'ai vécue en trente ans de carrière reste celle de cet adolescent de dix-sept ans qui s'était mis en tête de tuer le Français moyen ! Ce jeune homme, dont le père était médecin, suivait assidûment la classe de terminale et n'avait jamais donné aucun signe de maladie mentale. Certes, il avait eu l'étrange idée de faire exploser son lycée avec une petite bombinette, mais tout cela s'était soldé par une peine légère avec sursis…

Et puis, un jour, un grand projet s'était imposé à lui : faire quelque chose que les autres ne feraient pas. Et il se décida à tuer le Français moyen, ou tout au moins un symbole de Français moyen, un homme moyen, donc, ni trop jeune ni trop vieux, ni trop pauvre ni trop riche, ni trop grand ni trop petit.

— Mais pourquoi le Français moyen ? lui-ai-je demandé quand je me suis trouvé face à lui pour l'expertiser.

Sa réponse a été logique et organisée.

— Si j'avais tué mon père, on n'aurait pas trouvé cela très original. Si j'avais tué un vieux, on aurait dit que j'étais un médiocre. Si j'avais tué un enfant, on m'aurait traité de lâche.

Si j'avais tué une femme, on aurait pensé que je souffrais de problèmes sexuels…

En ayant éliminé de sa liste les vieux, les jeunes, les femmes, les enfants et quelques autres, il ne restait que le Français moyen ! Pour lui, cette victime idéale était un homme entre vingt-cinq et quarante-cinq ans, employé ou cadre dans une entreprise, vêtu d'un costume sombre et strict, cravate autour du cou et attaché-case à la main… C'était le portrait qu'il se faisait du Français moyen. Un revolver dans la poche, il a arpenté les rues de son quartier jusqu'au moment où il l'a vu ! Il avait devant lui cet inconnu, cet homme ni trop vieux, ni trop jeune, ni trop pauvre, ni trop riche… Il lui a tiré dans le dos, tuant ainsi le Français moyen de son imaginaire.

On voit ici le côté fou du tueur, c'est-à-dire l'excès de personnalité mégalo qui cherche à devenir unique. Pouvoir de donner la mort, volonté éperdue d'originalité… Mais ce jeune homme était-il vraiment fou ? Débat entre psychiatres. Certains d'entre eux ont estimé que le crime signait une entrée dans la schizophrénie… puisque le crime immotivé était considéré comme le crime d'un fou. D'autres, au contraire, ont soutenu que cet adolescent ne montrait aucun signe de maladie mentale, il développait une personnalité pathologique, bien sûr, mais ce n'était pas de la folie. Bref, le jeune assassin a été estimé responsable de son acte, jugé et condamné à perpétuité.

Je l'ai vu une quinzaine d'années plus tard. Les juges s'interrogeaient sur sa possible remise de peine. Pouvait-il sortir de prison sans risques pour la société ? Des expertises répétitives tentèrent de cerner la personnalité de ce prisonnier… Dans sa cellule, année après année, il ne s'était pas révélé dément, il menait tranquillement sa petite vie sans ennuyer personne. Fou, pas fou ? Libérable, pas libérable ? Ce détenu modèle semblait si intrigant que des batteries de psychiatres cherchèrent à comprendre sa personnalité.

Quand je l'ai expertisé à mon tour, je lui ai demandé ce qu'il pensait de son acte à quinze ans de distance... Il considérait qu'il n'avait pas eu une bonne idée et m'assurait qu'il ne tuerait plus. Ma première impression était plutôt rassurante : le personnage élaborait une critique de son acte, se montrait capable de penser à la famille de sa victime, de comprendre le mal qu'il avait fait.

En fait, la mégalomanie se cachait sous l'aspect lisse du remords...

— Est-ce que vous regrettez votre acte ?

— Oui, en un sens, parce que j'ai tué quelqu'un, mais en même temps non, parce que je reste celui qui a tué le Français moyen. Vous-même, docteur, vous me dites que je suis le seul à avoir tué le Français moyen ! Je conserve cette spécificité, et j'y tiens.

Cet homme avait gâché sa vie... mais exister, revêtir une identité singulière, se montrer unique en son genre valait bien ce sacrifice. Où la mégalomanie et l'originalité vont-elles donc se nicher !

Cet homme restait attaché à sa particularité, à son génie de l'imaginaire, à sa destructivité. Dans mon rapport d'évaluation, j'ai indiqué que cet homme ne tuerait sans doute plus, mais qu'il n'était pas totalement rassurant pour la société puisqu'il ne regrettait qu'en partie son geste. Il déplorait d'avoir tué, il se reprochait d'avoir causé du chagrin à la famille du Français moyen... mais il revendiquait fièrement son acte. Il ne pouvait se débarrasser de l'image valorisante de tueur original.

8
Le fonctionnement psychique des grands dictateurs

Les figures d'assassins extrêmes que nous avons passées en revue sont des formes boursouflées des troubles de la personnalité. En contrepoint de la démarche individuelle du tueur en série, du meurtrier de masse, du terroriste et du criminel immotivé, interrogeons-nous sur le fonctionnement psychique des grands dictateurs, qui ont été de grands exterminateurs.

Citons en vrac Staline, Hitler, Kadhafi, Saddam Hussein, plus près de nous Bachar el-Assad en Syrie… On pourrait banaliser crimes et génocides en renvoyant ces exactions aux pages sombres de nos livres d'histoire : « Le sang sèche vite en entrant dans l'Histoire », chantait jadis Jean Ferrat.

Mais mon propos n'est pas de retracer les facteurs conjoncturels qui ont conduit certains pouvoirs à s'exercer dans la terreur. Ma question de psy se formule ainsi : les grands dictateurs ont-ils une forme de personnalité qui les rend capables d'assumer, sans trop d'états d'âme, une destructivité systématique ou massive ?

Les êtres humains organisés ont d'abord connu des pouvoirs autoritaires, violents, absolus, qui interdisaient l'opposition, emprisonnaient les contradicteurs, les exécutaient parfois. Dans la démocratie, forme moderne des sociétés évoluées, les opposants sont acceptés, protégés par des règles reconnues, les droits de l'homme, la conscience universelle… Nous sommes passés de la neutralisation violente de l'adversaire au consentement apaisant. Même si la tentation est toujours grande de piéger, de déstabiliser l'adversaire, chacun respecte la vie, respecte l'homme.

Les dictatures n'ont pourtant pas toutes été éradiquées de la surface de la planète, on le sait bien. La tentation d'emprise, la tentation de domination absolue, la tentation qui conduit à l'abus n'ont pas vraiment disparu. Dans certains pays, on soupçonne le pouvoir de neutraliser ses ennemis de façon radicale. Ceux-ci disparaissent inexplicablement, ont des accidents mystérieux, sont victimes de meurtres incompréhensibles…

En définitive, loin des considérations politico-circonstancielles, le dictateur-exterminateur ne souffre-t-il pas de troubles de la personnalité assez proches de ceux des tueurs en série ou des meurtriers de masse ?

Le commandement est un piège pour celui qui l'exerce, une situation à risques. Ces personnages dominants ne sont pas, en général, des fous au sens de la maladie mentale, mais ils souffrent, à l'évidence, d'une boursouflure de l'ego. Chez eux, le grain de folie se situe dans l'intensité de ce trait de caractère. Il faut voir les grands dictateurs à l'image des grands criminels que nous avons analysés plus haut : des personnages tonitruants et destructeurs. Les dictateurs illustrent à la perfection la démesure de ces deux dimensions : mégalomanie et paranoïa.

Assumer le pouvoir au prix de la mort des opposants suppose un fonctionnement psychique fait de mégalomanie et de paranoïa.

D'abord, je le rappelle, le paranoïaque est méfiant. Celui qui exerce un pouvoir totalitaire, qui règne par la menace et la brimade, reste évidemment conscient des tourments provoqués, de la souffrance engendrée… et sa méfiance pathologique en est encore augmentée.

Se montrer suspicieux, se croire entouré d'ennemis, est une dimension paranoïaque que tous les grands dictateurs partagent. Ils font d'ailleurs preuve d'une forme de lucidité en comprenant qu'un règlement de comptes les guette en permanence, que leurs collaborateurs pourraient tenter de les renverser un jour, que le peuple prépare sa revanche. Bien des gens ont envie de les supprimer, tant ils font peur. On voit d'ailleurs, de façon tout à fait compréhensible, que s'ils perdent la main, ils finissent dans la violence… Fusillé comme Ceausescu en Roumanie, pendu haut et court comme Saddam Hussein en Irak, frappé à mort comme Kadhafi en Lybie… Ils avaient suscité trop de terreur, trop de rage, trop de haine.

Si le dictateur est « légitimement » méfiant, il est surtout « paranoïaquement » méfiant… au point de se montrer hypervigilant sur son entourage. Récemment, le dictateur nord-coréen Kim-Jong-un a fait exécuter son oncle prétendument coupable « d'un crime aussi hideux que celui d'avoir tenté de renverser l'État par toutes sortes d'intrigues et de méthodes méprisables avec l'ambition frénétique de s'emparer du pouvoir suprême ».

À l'image de Kim-Jong-un, les dictateurs essaient de tendre un cordon sanitaire autour d'eux, une barrière protectrice faite de fidèles enrégimentés à la vie à la mort. Mais la paranoïa est la plus forte, et l'entourage finit bien souvent dans les geôles ou devant un peloton d'exécution. On l'a vu au Kremlin, quand Staline s'enfermait par peur de ses ennemis…

L'axe mégalomaniaque, lui, est renforcé par l'identification du dictateur à son pays. La nation c'est lui, l'État c'est lui ! Quand on attaque sa personne, on attaque sa patrie… identification mégalomaniaque. Bachar al-Assad, par exemple, est persuadé que si on lui manque de respect, on manque de respect à la Syrie.

Chez certains, on verra davantage la dimension paranoïaque dans leur manière de dominer et de persécuter les populations. Chez d'autres, la méfiance se fera plus feutrée, ils se présentent alors comme des mégalos séducteurs, et rien n'est à craindre tant qu'on reste dans leur monde.

Évidemment, les plus dangereux, les plus tragiques, sont ceux qui font preuve de la double polarité : parano et mégalo ! Comment ne pas citer encore Hitler et Staline ?

Deux dynamiques se conjuguent pour faire le dictateur parfait : méfiance paranoïaque et mégalomanie par identification au pays.

Ces dictateurs sanguinaires furent paranos à la folie, mégalos à la folie, mais ce n'est pas une maladie mentale. Nous sommes devant une excroissance extrême du trait de personnalité. Je dis souvent que l'on a raison de considérer ces gens comme des fous, hors de la psychiatrie. On ressent bien qu'ils sont extrêmes, qu'ils ne sont pas humains, du point de vue de la société ils sont fous, mais ils n'ont pas versé dans la maladie mentale, je le répète.

À un moindre degré, d'ailleurs, ceux qui font souffrir les autres dans la famille, dans l'entreprise, sont souvent des personnalités aux traits paranos et mégalos. Quand un souffle puissant attise ces deux axes, émerge un individu redoutable dans sa maîtrise du pouvoir.

Troisième partie

Retour à l'ordinaire

Ensemble, suivons l'injonction deux fois millénaire de Socrate : « Connais-toi toi-même. » Comment approcher la vérité sur sa propre personnalité ? Comment comprendre celle des autres ? Les pistes que nous avons données jusqu'ici suffisent-elles pour se décrire soi-même et décrypter les autres ? Dans le champ de la normalité, ne sommes-nous pas tous plus complexes que ne le suggèrent les axes de repérage proposés par les psys ?

En effet, la psychopathologie des psys ne décrit pas tout. Nous avons catalogué des traits de caractère, mais ne peut-on rien dire de plus ? N'existe-t-il pas, parallèlement, des qualités enfouies, des défauts cachés hors du domaine psy ? Des éléments qui se révèlent cependant décisifs pour évaluer un être humain. Pourtant, on ne trouve pas de mots psys pour définir le lucide et le courageux, le créatif et le visionnaire.

Les psys n'osent pas nommer ces traits de caractère parce que, appartenant à la normalité, ils ont sans doute moins fait l'objet d'études savantes. Ce sont les oubliés de l'analyse, les négligés de l'introspection.

Quand j'utilise des mots de psy pour décrire un caractère, on s'aperçoit que ceux-ci évoquent, en majorité, des traits négatifs. Or, pour chaque trait, un aspect positif peut nous inspirer afin de définir la normalité. Par exemple, la méfiance. Ne peut-on pas atténuer l'aspect un peu rébarbatif du terme ? La méfiance, à un moindre degré, c'est aussi avoir confiance en l'autre, mais une confiance lucide… Ceux qui parviennent ainsi à transformer leurs traits en fond positif sont mieux dans leur peau, la vie leur paraît plus légère et ils sont plus faciles à vivre.

On s'aperçoit aussi que les résilients – les adaptatifs, pourrait-on dire – se montrent souvent plus optimistes que les autres, ils ont un certain sens de l'empathie vis-à-vis d'autrui et une forme de créativité personnelle. Bien que psy, j'assume de parler des qualités ou des défauts au sens d'un système de valeurs. Être hystéro ou phobico n'est ni bien ni mal, ces termes psys ne sont que descriptifs. Mais si l'on parle d'un peureux ou d'un intrépide, d'un menteur ou d'un loyal, le ton change, le portrait se fait imperceptiblement jugement.

Mais comme rien n'est simple, il faut reconnaître que les humains sont faits de contradictions, même si nous trouvons chez chacun des invariants, des lignes de force.

Souvent l'être est une mosaïque ou plutôt, en termes de peinture, un clair-obscur…

— Mon mari est très rigolo, il amuse toujours les convives, tout le monde le trouve très spirituel. Mais à la maison, il est sinistre ! m'a révélé une femme.

Eh oui, les gens sont contrastés. Amusant à l'extérieur, triste chez lui. Généreux avec les uns, pingre avec les autres. Séducteur parfois, renfermé à d'autres moments. Il faut donc pondérer les traits de caractère qui nous semblent évidents : nous n'avons pas toujours le même habillage en fonction des situations, des relations, de l'humeur, du temps qui passe…

Si les gens sont contrastés, la normalité l'est aussi. Partez avec moi dans la traversée étrange d'un monde faussement banal. Il ne s'agit plus de grands criminels ou d'esprits délirants, mais de notre existence de tous les jours. Je parle de moi, de vous, de ceux que nous croisons, que nous côtoyons dans notre ville, dans notre rue.

Nous sommes tous secoués par de petites tempêtes qui font la vie. Nous sommes parfois caricaturés, moqués, vilipendés, ou c'est nous qui rions des autres… Que signifie cette propension à la dérision, et comment se transforme-t-elle pour glisser vers l'autodérision ?

Parfois, les mots des psys ne suffisent plus, comme si la normalité s'échappait, il faut alors revenir à des concepts plus simples, ceux des moralistes de jadis, ceux qui nous apprenaient à porter sur l'être humain un regard acéré et bienveillant…

9
Les révélations de la caricature

Dans la description donnée par les psys comme dans le langage courant, de nombreux traits de caractère que nous avons répertoriés nous semblent des défauts potentiels, au moins dans leur enflure. En effet, on décrit facilement les excroissances, les traits qui font saillie, qui tranchent, qui créent du conflit. Il est normal et attendu que le visible ait un peu d'aspérités, mais la description d'une personnalité qui ne tiendrait compte que de ces arêtes tomberait dans la caricature. Un travers dans lequel chacun s'abandonne parfois, et avec volupté…

Pourquoi ce plaisir de caricaturer ? Que signifie cette petite satisfaction que nous éprouvons à railler nos semblables ? Nous y trouvons d'abord le bonheur de faire rire en grossissant un trait caractéristique… Celui qui hystérise trop finit par vendre du vent, celui qui se montre exagérément inhibé amuse par sa gêne excessive, celui qui impose sa mégalomanie agace par son obsession centrée sur lui-même… L'être humain aime théâtraliser un trait chez l'autre, justement parce que ce trait prête à moquerie, dérision et sourire.

Un individu se montre très emprunté, il bafouille. Au début, chacun éprouve une dimension de compassion, mais qu'on le veuille ou non, la scène finit par être comique. *L'Avare* de Molière nous amuse parce que soudain, sous nos yeux, il n'est qu'avarice, prêt à ruser infiniment pour préserver sa chère cassette. Le grossissement d'un trait-vérité déclenche inévitablement le rire.

Mais le plaisir de la caricature n'est pas seulement dans la verve drolatique. En se moquant de l'autre, on anéantit son image, on éteint son aura. La caricature est aussi destructrice.

Celui qui caricature et ceux qui s'en amusent se sentent meilleurs, plus forts, plus intelligents que le personnage qu'ils ridiculisent. Sous couvert de l'humour, on se rassure.

Observons les réactions des uns et des autres dans un groupe quand l'un des protagonistes est caricaturé : tout le monde s'amuse. On pourrait banaliser, dire que l'on passe un bon moment, que l'autre ne l'a peut-être pas volé… Ce plaisir est légitime. Rire d'un excès, d'une boursouflure, d'un manque d'humilité, est salutaire. Se moquer, persifler, railler, pourquoi pas ? Mais allons plus loin dans l'analyse…

Des caricaturistes aux moralistes

Comment ne pas citer ici *Les Portraits* de La Bruyère ? Là, on est moins abrupt que dans la caricature, on décrit des comportements, on affine le trait comme dans ce portrait du « dissimulateur », du menteur dirait-on aujourd'hui : « Il cache soigneusement tout ce qu'il fait ; et à l'entendre parler, on croirait toujours qu'il délibère. Il ne parle point indifféremment ; il a ses raisons pour dire tantôt qu'il ne fait que revenir de la campagne, tantôt qu'il est arrivé à la ville fort tard, et quelquefois qu'il est languissant, ou qu'il a une mauvaise santé. Il dit à celui qui lui emprunte de l'argent à intérêt, ou qui le prie de contribuer de sa part à une somme que ses amis consentent de lui prêter, qu'il ne vend rien, qu'il ne s'est jamais vu si dénué d'argent ; pendant qu'il dit aux autres que le commerce va le mieux du monde... »

Moralistes... ainsi appelait-on au XVIIe siècle les auteurs qui se penchaient sur leurs contemporains pour en extraire de petits tableaux au vitriol. Ces moralistes ne se contentent pas de caricaturer, mais donnent aussi un jugement de valeur sur fond de dénigrement et de dévalorisation.

Dans un registre plus éducatif, les fables de La Fontaine procèdent du même esprit, mais vont plus loin encore en livrant à la fin « la morale » de l'histoire. Nul n'ignore *Le Corbeau et le Renard*, l'une des fables les plus connues... Le corbeau lâche son fromage simplement parce qu'il est flatté par les louanges chantées par le renard. Les moralistes du passé épinglaient les petits travers de l'âme humaine, et leur manière de voir rejoint parfois les grands traits décrits par les experts du comportement humain.

Cela dit, moralistes, fabulistes, caricaturistes, tous forcent le trait, et c'est parfois cruel. « Je trouve drôle quand les autres sont caricaturés, nettement moins quand c'est à mon tour de passer sur le gril. » Tout le monde, peu ou prou, se retrouve dans cette formule si souvent entendue. Et si, néanmoins, nous profitions de cette épreuve pour mieux nous connaître ?

La caricature est un miroir grossissant. Profitons-en !

Devenir la cible d'une caricature devrait nous faire réfléchir, même si l'exercice est douloureux.

Dans la manière que les autres ont de se moquer de moi, il peut y avoir de l'excès, et je subis tout naturellement une petite blessure narcissique. Pourtant, mon portrait acerbe brossé par les autres peut me permettre de me comprendre un peu plus moi-même… et de neutraliser mes détracteurs !

En effet, celui qui est moqué devient ridicule, on le diminue, on le dévalorise, on le détruit, on prend barre sur lui, on lui est supérieur. L'ironie s'exerce bien souvent aux dépens d'autrui. Mais quand on la pratique sur soi-même, on désarme tout le monde. L'autodérision met en marche un mécanisme plus subtil, celui où l'on accepte de se mettre soi-même en cause. Et témoigne d'une réelle pénétration dans la connaissance de soi !

Rire de soi-même est une défense préventive : cela retire aux autres le plaisir amer de la caricature. À propos des traits ironiques lancés sur son appendice nasal démesuré, le Cyrano d'Edmond Rostand mettait joliment les choses au point :

« Je me les sers moi-même, avec assez de verve
Mais je ne permets pas qu'un autre me les serve. »

Les leçons subliminales des *Guignols de l'info*

Focalisons-nous, à présent, sur une réalité sociale : les *Guignols de l'info* diffusés sur Canal Plus. Qui sont les personnages caricaturés ici ? Des stars et surtout des personnalités politiques. Nous retrouvons à l'écran les deux exemples cités en introduction de ce livre : un leader un peu tranchant, un peu autoritaire, présenté comme colérique, Nicolas Sarkozy, et un président qui semble toujours d'humeur égale, François Hollande. La caricature nous offre une lecture psychosociologique du rapport du peuple français avec ces deux personnalités. Dans la réalité, l'un est forcément plus contrôlé que son personnage gesticulant et hyper-excité, l'autre est évidemment moins lisse qu'il y paraît, mais ils sont un peu devenus leur marionnette aux yeux de certains électeurs.

François Hollande est arrivé au pouvoir par contraste de caricatures ! Après un caractériel, un normal… Notre président a donc mis au goût du jour la normalité, une normalité ressentie d'abord positivement. En effet, celle-ci suppose une apparente prise en compte d'autrui, un respect des autres, une pondération… que des qualités. Mais cet excès de normalité et cette ouverture aux autres ont immanquablement provoqué la caricature du mou, du lisse, de l'hésitant. Un chef ne doit-il pas être un peu tranchant, au moins dans l'imaginaire collectif ?

Le défi d'avenir, pour ces deux personnalités, sera de surprendre, d'étonner, de détonner, de complexifier leur image pour séduire à nouveau une majorité.

Une caricature est réussie quand une grande partie du public ne s'interroge plus sur l'homme de chair et de sang, mais se satisfait de sa parodie.

Dans notre siècle rapide et si souvent superficiel, l'image du caricaturé devient l'image de sa caricature. Or, quel que soit le caractère affiché, nous sommes tous potentiellement caricaturables. Et nous avons tous été caricaturés, en pensée ou en parole, par nos proches ou nos collègues de travail. Un espace clos, l'entreprise, le village, la famille, favorisent et peut-être encouragent la caricature discrètement agressive. Que faire, sinon riposter ?

Comment se dégager de sa propre caricature ?

On l'a vu, une caricature réussie, c'est le grossissement du trait. Mais ce trait n'est généralement pas inventé, il existe, éventuellement de manière feutrée. Sarkozy est-il aussi caractériel que sa marionnette le laisse supposer ? Sans doute pas. Hollande est-il forcément mou ? Évidemment, non. La caricature est un piège : on finit toujours par être notre caricature aux yeux des autres. Je suis piégé parce que les autres pensent que je suis ma propre caricature ! Les gens alors ne s'intéressent plus à l'être réel, ils sont seulement satisfaits de la caricature, parce que celle-ci les grandit eux-mêmes, par contraste. Il y a comme un plaisir agressif à trouver des failles chez l'autre, et plus l'autre est célèbre, solide, puissant, plus le plaisir est grand. Notre président est caractériel, notre président est mou…

Peut-on efficacement se déprendre de sa propre caricature, se décaricaturer en quelque sorte ? Pour espérer y parvenir, deux démarches me paraissent indispensables :

— s'efforcer de saisir la part de vérité exprimée dans la caricature ;

— tenter de surprendre son entourage.

On vous dit colérique ? On redoute vos orages ? Si une rapide introspection vous fait accepter ce trait, il faut vous montrer lucide… Et si vous renoncez soudain à entrer en fureur à la première contrariété, la caricature qu'on aura faite de vous s'en trouvera un peu écornée.

Pour répondre à votre caricature, il faut nommer le mal : je sais comment je suis perçu, il y a bien une raison à cela. Mais je peux y remédier.

Car le comble du caricaturé serait de résister, de nier, de se cabrer et de déclarer péremptoirement :

— Pas du tout, je ne suis pas comme ça.

Assumer le trait caricaturé, faire preuve d'humour sur soi-même, jouer avec son image sont les éléments fondamentaux qui permettront de sortir de l'image figée que les autres ont de vous.

Et ne jamais oublier de démontrer, en plus, sa capacité à apparaître comme l'opposé de sa caricature ! Les autres croient connaître la manière dont vous allez réagir ? Alors, prenez le contrepied, révélez-vous très différent de ce qui est attendu. Il s'agit d'une tentative de métamorphose, même si souvent le naturel revient au galop…

Parfois la caricature est simplement cruelle, dévalorisante. Par exemple, Johnny Hallyday est souvent représenté comme un imbécile, un analphabète qui ne comprend pas le sens des mots, Jean-Louis Borloo serait un alcoolo impénitent. Ici, la caricature est tellement « réductionniste », si j'ose dire, qu'elle peut blesser. En réalité, le personnage est caricaturé pour devenir l'alpha et l'oméga d'un trait, le trait lui-même est caricaturé à travers l'individu : l'imbécile, le mythomane, l'avare, le caractériel, le mou…

De temps en temps, on a ainsi le malheur de devenir la tête de Turc des autres, et la caricature, toujours violente, devient franchement destructrice. Finalement, les humoristes projettent sur un personnage un trait de caractère, comme le faisait jadis La Bruyère, mais le moraliste ne s'en prenait pas à des personnes identifiables, il décrivait sagement l'humanité en général.

Si l'on ne répond pas à la caricature, si on ne la relativise pas, elle peut se muer en flèche mortelle qui atteint son but. Reprenons les deux personnages, si différents, que nous avons déjà longuement évoqués. L'un a peut-être été détruit en partie par sa propre caricature, parce qu'il ne l'a pas déminée à temps, et l'autre, qui se laisse traiter de mou, a vu son image se dégrader assez rapidement.

Ce qui est vrai chez les people de tout bord est vrai dans n'importe quel groupe humain. Au sein d'une entreprise, par exemple, caricaturer un collègue peut être une manière de s'attaquer à lui, et là, quand la caricature devient systématisée, c'est un véritable poison. La caricature peut être un moyen d'attaque sociale, un procédé de déstabilisation, une arme de destruction massive. Ainsi, dans une famille, pour certains enfants, caricaturer un des parents ou les deux est une manière de saper leur emprise. À l'école, au lycée, caricaturer un enseignant, avec des éléments qui peuvent d'ailleurs être vrais et amusants, revient tout de même à remettre en cause son autorité.

La caricature est fausse parce que son principe est de mettre le focus sur un trait, tâche relativement facile. En revanche, il est nettement plus difficile de doser l'intensité de ce trait. Et encore, même la densité du trait ne suffirait pas à décrire justement une personnalité. Chacun est plus complexe, plus contrasté, moins limpide, moins univoque que le laisse supposer la caricature.

Notre esprit cartésien voudrait que le trait majeur d'un individu et son intensité soient présents en permanence. Erreur. Une personnalité est faite d'une somme de traits, celui qui est peu expansif en général, par exemple, peut être chaleureux avec certains…

On le voit, les traits traduisent simplement la fréquence d'une disposition, mais en même temps, ce qui complexifie l'analyse, un trait pour être vivant doit s'inscrire dans une relation particulière. Celui-ci sera joyeux avec ses amis et renfermé avec ses collègues, généreux avec sa maîtresse et mesquin avec sa femme, calme avec ses collègues et nerveux avec ses enfants…

Les relations entre les êtres sont souvent mystérieuses. Chez les humains, les tendances du caractère sont toujours « probabilistes », l'énigme du jeu relationnel avec chaque individu reste insondable. L'humain fait preuve d'un côté mouvant : certains se bonifient avec le temps, comme le bon vin, sous la pression de la société, des événements, de l'évolution, ils s'humanisent, s'ouvrent, relativisent…

Les êtres humains montrent des traits en tendance, mais les différentes personnalités sont plus complexes, plus variées, et parfois nettement contradictoires.

Au fil de la lecture de certains romans, on croit souvent, à la moitié du livre, avoir mis en bouteille un personnage, mais il se révèle soudain très différent, il présente des faces inattendues, il se comporte de manière surprenante… De la même manière, quand on s'intéresse vraiment à quelqu'un, il apparaît souvent de façon plus complexe que sa caricature, plus complexe même que la somme de traits qui le composent.

Je sais, il n'est pas simple de voir les autres comme des êtres un peu mystérieux, un peu compliqués. On a souvent besoin que l'autre reste comme on l'imagine. Finalement, pour notre confort, un imbécile doit rester un imbécile, un adversaire doit rester un adversaire, un antipathique doit rester un antipathique. Sauf que la vie n'est pas une caricature, elle.

Il serait si reposant que les gens soient fidèles à leur caricature. S'ils arrivent à nous surprendre, nous sommes étonnés, abasourdis, déstabilisés. C'est sans doute pourquoi les feuilletons télé nous rassurent. Pour que la dramaturgie fonctionne, les personnages sont pourvus de caractéristiques permanentes et repérables : le méchant est toujours méchant, le traître immuablement fourbe, l'amoureux transi et la jeune fille naïve…

Mais tout se complexifie, même dans la complication ! Il est vrai que la vérité ressemble parfois à la télé, certains caractères sont tout à fait prévisibles, une fois leur fonctionnement repéré. Chez une partie des êtres humains, les traits ont un tel poids, une telle rigidité, que ces sujets restent constamment fidèles à eux-mêmes. Plus les traits sont forts, plus ils demeurent stables, et plus les êtres humains sont figés.

En revanche, certaines personnalités vont s'enrichir avec le temps, les épreuves, les rencontres, la culture, les échecs, les réussites, tout ce qui fait la vie, d'autres ne vont pas bouger et se montreront à jamais fidèles à elles-mêmes.

Peut-on juger un caractère en une heure ?

Certains traits de la personnalité sont lisibles immédiatement. Il suffit d'observer les gens, de les écouter parler, de regarder comment ils s'agitent, de sentir comment ils s'intéressent aux choses pour comprendre qui ils sont.

C'est la problématique que je rencontre régulièrement en tant qu'expert auprès des tribunaux. Cet homme est-il fou ?

Cette femme peut-elle être libérée ? Celui-là représente-t-il un danger pour la société ? Pour répondre à ces questions, j'ai une entrevue avec le condamné, je l'interroge, je le jauge, je l'évalue… en une heure. Cet exercice est-il possible ou non ? Évidemment, le public reste dubitatif et s'en amuse : ces psys sont très forts, ils voient quelqu'un très peu de temps et savent tout de lui !

Devant un garde des Sceaux, l'un de mes collègues remettait naguère cette pratique en cause. Avec son accent chantant du Midi, il caricaturait la situation de façon aussi humoristique que frappante.

— Monsieur le ministre, il faut réformer l'expertise psychiatrique, parce que c'est demander au médecin de donner un avis trop rapidement. C'est comme si on demandait à un monsieur de prendre un verre avec une inconnue pendant une heure et de dire ensuite s'il accepte ou non de s'engager pour la vie.

Peut-on choisir sa femme ou son mari en une heure autour d'un verre ? En un sens, oui. Il y a des gens qui sont lisibles en une heure ! On peut savoir beaucoup d'un personnage en une heure, s'il parle volontiers, s'il se livre, s'il est sincère, si on pose les bonnes questions, si on le pousse dans ses retranchements. En même temps, je vais pondérer ma réponse en soulignant que, bien sûr, on n'a jamais fait le tour complet d'un caractère.

L'évaluation de première intention a évidemment ses limites. On peut voir beaucoup de choses en peu de temps, certes, mais on ne connaîtra vraiment un être que sur la durée, si l'on devient son conjoint ou son compagnon de travail, de loisirs ou d'amitié. Bref, à la longue… En effet, des traits de caractère ne vont s'exprimer pleinement que dans la vie commune, la proximité, le temps partagé. En définitive, on a besoin de cette réalité du contextuel, du circonstanciel pour évaluer totalement les gens.

Certains traits de caractère sont décodables tout de suite, d'autres vont se révéler dans l'action, les circonstances, la vie… La situation révèle la personnalité.

Des citoyens normaux, sans aspérités, se sont révélés dans la guerre… Qui va choisir d'entrer dans la Résistance ? Qui va opter pour la collaboration ? Bien sûr, l'Occupation a constitué une situation exceptionnelle, mais de nos jours, des situations banales de la vie quotidienne vont, elles aussi, pouvoir révéler un caractère. Afin de bien évaluer quelqu'un, il faudrait pouvoir entrer dans une situation susceptible de pousser l'autre à sortir de lui-même. En tant qu'évaluateur professionnel, j'ai besoin de situations extraordinaires pour révéler un homme.

Pour certains, l'entourage murmurait depuis longtemps :

— Un jour, il va faire une bêtise.

Pour d'autres, on s'étonne trop tard.

— Jamais, je ne l'aurais jamais cru…

Les situations de transgression peuvent être révélatrices des plis cachés de l'imaginaire d'un individu.

10
Derrière les apparences de la normalité

Normalité, qu'est-ce que cela veut dire ? Certains personnages vont se révéler « normaux », ils ne sont ni vraiment timides ni foncièrement extravertis, ils ne sont ni mégalos ni inhibés, ils n'ont aucun trait extrêmement saillant… Ils se trouvent confortablement installés dans le spectre de la normalité, mais derrière cette apparence se tiennent en embuscade des défauts cachés et des qualités invisibles.

Nous ne sommes plus dans les traits de caractère analysés par les psys, mais dans une observation plus en profondeur des circonvolutions de l'âme humaine.

Dans la description du psychisme humain apparaissent des aptitudes ou des difformités de l'âme mises au jour plutôt par les philosophes que par les psys. Faut-il s'en priver pour autant ?

Des penseurs comme Emmanuel Mounier, dans son *Traité du caractère* publié en 1946, nous proposent une appréciation plus subtile de l'être humain, moins immédiatement lisible. Ainsi, le philosophe décrivait de belle manière le passage conscient de l'adolescence à l'âge adulte : « Mûrir, c'est trouver sa place dans le monde, l'aménager en renonçant à tous les impossibles, enrichir et assouplir indéfiniment la multiplicité de nos rapports avec le réel. »

Les défauts cachés de la normalité

Ces défauts, on peut les nommer : inconstance, hésitation, aboulie, indolence, perméabilité à l'ambiance. On en connaît tous, de ces gens apathiques qui se laissent vivre avec indifférence, ou qui se montrent perpétuellement incapables de prendre la moindre décision, ou encore qui suivent toujours l'avis du dernier venu, se font gris avec les gris et rouges avec les rouges.

La perméabilité à l'ambiance

Certaines personnes – normales, répétons-le – se montrent très perméables à l'ambiance, elles sont influençables, elles adoptent systématiquement l'opinion de leur interlocuteur, non par calcul, mais sincèrement, par conviction molle, pourrait-on dire. Ces personnes versatiles font preuve d'inconsistance dans le jugement, elles semblent incapables de s'appuyer sur une colonne vertébrale solide pour fonder une appréciation et l'exprimer. Alors, elles avancent le nez au vent, sans opinion bien tranchée, prêtes à adopter l'avis de celui qui voudra bien le leur donner.

De deux choses l'une : soit ces esprits sont influençables, et c'est un défaut intellectuel, soit ils ne sont pas fiables, et c'est un défaut comportemental. On a l'impression que, par sympathie superficielle pour l'interlocuteur, les uns et les autres se glissent dans la personnalité d'un tiers, n'importe lequel, comme des caméléons de la pensée. On le voit bien en démocratie : certains électeurs ont des avis bien tranchés, ils savent quel nom glisser dans l'urne, alors que d'autres – beaucoup d'autres – constituent un marais mouvant, hésitant, qui peut transformer son bulletin de vote au gré des événements et des discours.

Chez ces personnalités influençables, le problème n'est pas leur changement d'opinion, mais leur absence d'opinion. Modifier sa position, en politique ou dans la vie quotidienne, n'est pas obligatoirement un défaut : « Il n'y a que les imbéciles qui ne changent pas d'avis », nous rappelle l'adage. Mais chez ces caractères indécis, on trouve de la mollesse, de l'indolence, ils suivent le mouvement comme des moutons de Panurge parce qu'ils sont pris dans l'ambiance générale et ne parviennent pas à s'en démarquer.

L'hésitation

L'aboulie, dirait-on en terme psy, est un autre défaut de la normalité. Certains sujets, il est vrai, vivent dans une hésitation permanente et sont à l'image de l'âne de Buridan. Ce baudet, rapporte la fable, avait aussi faim que soif, et se trouvait à égale distance d'un seau d'eau et d'une botte de paille… Que choisir en premier, l'eau ou la paille ? Avait-il plus faim que soif ou plus soif que faim ? L'animal hésita tant qu'il finit par mourir d'inanition !

Effectivement, le « savoir choisir » est une problématique de l'esprit. Chez les ados, cette hésitation est endémique : manque de consistance, manque de suite dans les idées, ils jouent deux jours de la guitare, se mettent ensuite à faire du théâtre, puis se déclarent romanciers ou poètes… Généralement, tout rentre dans l'ordre à la maturité, et ils choisissent enfin leur voie.

Heureusement, parce que le monde humain est un monde de choix… Je vais accepter ce travail ou non, je vais déclarer ma flamme ou non, je vais me marier ou non, je vais participer à un mouvement revendicatif ou non… Mais quand on ne sait pas ? Quand on hésite entre l'eau et la botte de paille jusqu'à ce que ce soit trop tard, quand l'aboulie domine sur le long terme, nous sommes en présence d'une réelle maladie de la volonté. Les symptômes de cette affection de l'âme se traduisent par une incapacité à trancher, à choisir, à se déterminer, comme si dans l'intensité, dans la structuration, dans la stabilité de l'investissement, quelque chose n'avait pas fonctionné correctement.

Autre forme d'hésitation : l'inconstance, qui témoigne de l'instabilité des investissements. Être l'ami exclusif de l'un puis de l'autre signifie que le sujet ne parvient jamais à rester fixé sur un choix, il ne va pas jusqu'au bout de ses projets, il virevolte, revient, repart…

Ces quelques traits rapidement décrits, vous les retrouverez peut-être, de manière atténuée, chez vos proches ou vos collègues. Mais pour décrypter ces défauts cachés, il faut prendre le temps, approcher les autres longtemps et les observer en action.

Les qualités invisibles de la normalité

Comme en miroir des défauts cachés, cernons ces qualités invisibles qui font aussi la normalité…

La structure

Je pense d'abord à ces sujets dont la pensée apparaît constamment tranchée, nette et claire. Vous les avez forcément croisés, ils réagissent sur tout, ils ont une opinion sur tout, ils articulent une pensée sur tout, et de leur personnalité émane une réelle présence, solide, structurée. Chez eux, on perçoit une vague pénétrante, une pensée au travail, une structuration face à la vie.

La lucidité

Ces gens normaux sont lucides sur eux-mêmes, mais aussi sur les autres et sur les situations. Quand ils parlent d'eux ou du monde qui va, ils frappent par leur capacité à être limpides, évidents, rapides. Avec eux rien ne paraît mystérieux. Leur qualité invisible, mais bien réelle, est celle de l'analyse efficace de soi, des autres, des événements.

Le courage

Qualité invisible, car le courage ne se juge et ne s'exprime qu'en situation. Imaginons que l'on m'ait demandé, avec toute ma capacité d'évaluateur, d'expertiser cent Français avant la guerre et de déterminer ceux qui seraient résistants et ceux qui se révéleraient collabos, ceux qui se fondraient dans la majorité silencieuse et ceux qui deviendraient des héros. Je n'aurais pas pu répondre ! Une âme bien trempée, est-ce que ça se voit, est-ce que ça s'analyse ? Les gens ne sont pas en train d'exhiber leur courage à tout bout de champ, il faudrait pouvoir pénétrer dans le secret de leur imaginaire pour espérer se faire un début d'idée ! Un psy pourrait-il diagnostiquer un courageux ? Sans doute pas, même si l'on peut trouver chez certains un potentiel héroïque. Mais ce potentiel se développera-t-il, sera-t-il nourri par les circonstances ? Mystère.

Moi qui ai eu un père résistant, une question m'a toujours taraudé : est-ce que j'aurais eu, moi aussi, le courage d'entrer dans la Résistance ? Qu'aurais-je fait dans une situation extraordinaire ? Je n'ai jamais pu répondre à cette question puisque je ne me suis jamais trouvé dans l'obligation de choisir. Nous vivons en paix, tant mieux, mais une lecture de l'Histoire est intéressante par rapport à soi-même, pour se mieux connaître…

Dans une situation chaotique, comment me serais-je déterminé ? Quelle position aurais-je prise ? Répondre à ces questions me semble une manière vivante de s'auto-interroger.

La fiabilité

Certaines personnes montrent une grande fiabilité dans les investissements, elles sont l'exact opposé des instables. Elles sont donc déterminées, vont jusqu'au bout de leurs idées, suivent leurs projets, et manifestent une capacité inébranlable à s'investir durablement. Cette qualité est d'abord invisible, mais elle apparaît bientôt au travail ou dans la réalisation d'une œuvre commune, affective ou professionnelle.

La fidélité en amitié

« Avoir un bon copain, voilà ce qu'il y a de meilleur au monde », chantait déjà Henri Garat en 1931. Qu'est-ce qui fait que nos amis nous sont fidèles ?

— Quoi qu'il t'arrive, je serai là, nous disent les plus proches.

Cette capacité de l'être humain à rester lié, à demeurer présent, est un des mystères de l'amitié. On le voit en politique, mais c'est rare, on le voit aussi dans la vie professionnelle, certains font durablement des affaires ensemble ou construisent à deux une entreprise, et fondent ainsi le socle sur lequel ils peuvent s'appuyer.

Les qualités psychiques de la résilience

Les qualités de résilience – d'adaptation aux circonstances, pourrait-on dire – ne sont pas non plus des qualités de psy, mais plus simplement des qualités de l'âme, là aussi. Elles permettent de vivre sa normalité plus sereinement et de surmonter les aléas de l'existence.

Dans les qualités spécifiques de résilience, on va retrouver, en partie, les qualités invisibles de la normalité déjà passées en revue… La résilience, c'est la lucidité portée sur son destin, le jugement objectif des conséquences personnelles d'une histoire traumatique, le courage qui incite à s'extraire du magma douloureux d'un traumatisme, un optimisme pondéré et méthodique allié à un optimisme de l'imaginaire, une créativité pour envisager un monde meilleur et une possibilité de rebondir par la richesse de l'imaginaire.

Je me suis souvent aperçu que les gens qui parviennent le plus facilement à s'extraire de moments douloureux sont, intellectuellement et imaginairement, plus riches que la moyenne.

Ces résilients sont riches dans leur rapport à la lecture, à la culture, riches dans leur manière de comprendre la dramaturgie de l'homme, riches de rencontres aussi par leur aptitude à s'ouvrir à l'autre, de curiosité devant des situations nouvelles. Bref, ils sont riches de tout ce que j'appelle « la créativité de l'imaginaire ».

Enfin, autre qualité qui fait la résilience : l'autodérision, plus précise que l'humour. L'autodérision donne la capacité de se moquer de soi-même et, par ricochet, d'être moins atteint par un impact traumatique.

Les gens qui s'en sortent le mieux après une histoire traumatique ont justement ces qualités-là. En les écoutant, j'ai trouvé ces traits caractéristiques qui ne sont pas les traits décodables que nous enseignent les livres de psychologie. Ces patients, je les ai écoutés avidement, comme un romancier écoute un personnage sur lequel il veut écrire, pour le comprendre. Je les ai laissés parler et j'ai découvert chez eux ces caractéristiques psychiques un peu mystérieuses que les psys ont longtemps ignorées.

Par cette liste de qualités invisibles, j'ai voulu démontrer que la normalité n'est pas obligatoirement un long fleuve tranquille ou une eau dormante. La normalité peut s'échapper de la grisaille pour nous réserver d'heureuses surprises.

Les gentils et les méchants : deux manières de vivre la normalité

Dans une société, deux cadres de haut niveau s'affrontaient en une guerre radicale avec pour enjeu un certain pouvoir au sein de l'entreprise. C'était à celui qui déstabiliserait l'autre, lui ferait perdre des marchés, lui volerait ses clients… Finalement, après avoir osé tous les coups bas possibles et imaginables, l'un des deux protagonistes parvient à triompher. L'autre est exclu de la boîte, il n'a plus qu'à négocier ses indemnités avant de partir. Pour se venger, le perdant commence à répandre des bruits sur le vainqueur et sur sa manière de remporter la bataille… Ces paroles arrivent à la connaissance de celui qui a gagné la partie par des moyens peu rigoureux. Alors, avec un aplomb admirable, cet homme lance ces mots définitifs :

— Finalement, cela montre bien qu'il est foncièrement méchant…

Cette anecdote vraie de la vie professionnelle permet d'illustrer un autre registre des rapports humains assez peu balisé par les psys classiques : la manière d'entrer en relation avec l'autre dans le champ social au sens large.

Certains humains vont être désignés comme des gentils alors que d'autres seront qualifiés de méchants. Comment situer ces deux mots utilisés dans la vie quotidienne ? Comment les comprendre par rapport à la caractérologie habituelle égrenée par les psys ? On l'a vu, un psy s'intéresse ordinairement à un sujet qui se montre agressif de façon caractérisée, c'est-à-dire, au choix, un caractériel, un impulsif ou un paranoïaque. Ces traits de caractère, que nous avons croisés en première partie de ce livre, sont bien marqués, tranchés, lisibles.

Pour le psy, le gentil – le trop gentil devrait-on dire – est un peu névrotique, il n'ose pas, il n'ennuie pas, il ne se défend pas, il se laisse légèrement abuser. Non seulement il paraît sans agressivité, mais, en plus, il favorise l'attaque des autres par son attitude flasque. Le langage populaire nous l'apprend : « trop bon, trop con ». Cette maxime un peu crue vise le gentil soumis, le gentil un peu trop faible. En revanche, le repérage des psys se perd un peu quand on entre dans le domaine de l'infraclinique, c'est-à-dire quand le trait se présente avec une intensité faible, comme chez la plupart des êtres humains.

Le gentil normal n'est pas faible, il se montre sûr de lui, mais pas dominateur, il est assuré, tranquille, mais n'a pas besoin de mettre l'autre en échec pour s'épanouir. Le gentil est ouvert, compréhensif et se trouve le plus souvent en position d'identification face à son collègue, son voisin ou son parent. « L'autre est un autre moi-même » pourrait être sa devise.

En ce sens, la gentillesse devient une qualité de la normalité. Ce gentil-là observe les autres sans hostilité particulière, porte volontiers un regard bienveillant sur autrui, se montre compréhensif, soutenant, disponible. Il se défend juste ce qu'il faut, juste ce qui est nécessaire pour ne pas se faire abuser.

Saviez-vous que chaque année, en novembre, se déroule en France la Journée nationale de la gentillesse ? Mus par un bel espoir, ses concepteurs voudraient qu'un mouvement généraliste parvienne à imposer la gentillesse dans la vie quotidienne. Les promoteurs de cette journée particulière ont bien raison…

La gentillesse repose et détend. La gentillesse, qui suppose l'attention et l'identification à l'autre, teinte la vie de couleurs douces.

Si le gentil voit l'autre comme un allié, un presque frère, le méchant, lui, considère l'autre comme un ennemi. L'autre est celui qui pourrait lui nuire, celui qu'il faut terrasser, dominer, vaincre. Le méchant est constamment dans la rivalité, dans le conflit, pour les grandes choses comme pour les menus faits. Son psychisme est en tension permanente. Le méchant mène une vie éreintante !

Dans la méchanceté à haut degré, le psy distinguerait des dimensions agressives avec des profils que nous connaissons : paranos, mégalos, pervers narcissiques. Le méchant vu par le psy éprouve un besoin de domination de l'autre, un plaisir à agresser l'autre, une satisfaction à dénigrer l'autre. Quand la méchanceté devient une disposition habituelle, quand le méchant se trouve perpétuellement dans le rapport de forces, quand il devient « foncièrement méchant », comme on dit, la méchanceté élevée au niveau d'un comportement permanent traduit une disposition de l'âme, un trait flagrant que les psys peuvent nous apprendre à maîtriser.

En revanche, à bas bruit, la méchanceté entraîne une circulation d'agressivité banale, et il n'y a pas lieu de culpabiliser. Une expression populaire bien connue prétend que l'on se réjouit du malheur des autres. Dans le rapport aux autres, il y a toujours un petit plaisir humain à dévaloriser et détruire… Il y aurait donc, au niveau imaginaire, une sorte de rivalité ou de questionnement qui développerait un léger plaisir quand l'autre se trouve ridiculisé, quand il mord la poussière, quand il est mis en échec. Pourquoi ce ravissement non dit ? Parce que l'imaginaire est au travail, nous faisant croire que la chute de l'autre nous relève.

Le plaisir d'agresser sur fond de rapport de forces, sur fond de rivalité, sur fond de conflit traduit la mise en tension de la méchanceté… La méchanceté gratuite n'est pas une force, elle trahit, au contraire, une certaine faiblesse. Le méchant est méchant sans mobile apparent, pour le seul plaisir psychique de dominer l'autre. Le gentil n'éprouve pas ce besoin.

Se montrer gentil ou avoir besoin d'être méchant sont deux particularités parfois invisibles de l'âme humaine.

On peut avoir une normalité apparente et une méchanceté cachée, on peut avoir une normalité apparente et une gentillesse qui ne va pas se décoder d'emblée.

C'est dans le commerce régulier avec autrui, dans la vie affective, dans la vie familiale, dans la vie professionnelle que l'on va pouvoir faire ce constat :

— Il est vraiment gentil, je ne m'attendais pas à autant de gentillesse.

De manière générale, la vie nous a habitués à des relations plus tendues, même si nous ne fréquentons pas de vrais méchants. Tant de gens ont le curseur bloqué à égale distance entre gentil et méchant.

Effectivement, l'indifférent n'est pas spécialement gentil, mais il n'est pas non plus vraiment méchant, il est seulement indifférent, un troisième terme à introduire dans notre analyse du quotidien.

Pour l'affectivité profonde, archaïque, basique, l'autre apparaît à mes yeux comme chaud, froid ou tiède. La gentillesse serait l'eau chaude, la méchanceté l'eau glacée et puis une eau un peu tiède représenterait l'indifférence. Ces mots simples, cette vision basique me semblent bien décrire la façon dont on peut appréhender les humains qui nous entourent.

II
Deux caractéristiques du psychisme : la vérité et le mensonge

On pourrait dire que la plupart des gens mentent… Quand je demande en conférence qui n'a pas menti dans sa vie, la question fait rire l'auditoire, mais en même temps, chacun s'interroge sur la stupéfiante personnalité des menteurs qui font l'actualité.

L'affaire Cahuzac nous interpelle. Les gens se demandent comment un homme intelligent peut non seulement mentir une première fois, mais ensuite s'obstiner avec force pour arriver à assener des contrevérités à l'Assemblée nationale, « les yeux dans les yeux » ! Effectivement, quand le coupable est démasqué on reste saisi, consterné, stupéfié.

Jérôme Cahuzac aurait-il une personnalité particulièrement mégalomaniaque ou extraordinairement cynique ? Une autre hypothèse s'impose, plus vraisemblable : quand on commence à mentir, on fait un choix. Chaque fois que l'on réclame des précisions au menteur, chaque fois qu'on lui demande de réitérer ses dires, il s'enfonce dans son choix.

Quand on persiste, quand les choses sont médiatisées, le mensonge prend du ressort, comme dans une dramaturgie bien réglée. Le menteur ment, et il ment avec aplomb… Cet aplomb surjoué et répété, ajouté à la confiance des autres, finit par faire penser au menteur qu'il dit peut-être la vérité. Puisque les autres le croient… Et finalement, quand le menteur est démasqué, tout s'effondre, tout prend une autre couleur, le menteur et l'abusé… Alors, on a tendance à plaquer sur le menteur du diabolique, de l'excessif, du mégalomaniaque. Mais les choses sont bien plus simples…

Quand on ment de façon répétitive, chaque interlocuteur essaie de trouver des failles, poussant ainsi le menteur à améliorer son mensonge ! Il va donc mentir avec de plus en plus d'assurance, franchement, sincèrement…

Le défi du mensonge amélioré, peaufiné, fignolé, est une réalité de la mécanique habituelle du mensonge chez tout un chacun : quand on commence à mentir, on est pris dans la spirale de la répétition qui nous pousse à en faire trop, à paraître imperturbables, à pointer du menton avec fierté.

Quand un menteur répétitif se trouve finalement confondu, la société est choquée… comme si nous oubliions un instant que, nous aussi, sommes parfois des menteurs. Nous voulons conserver une image idéalisée de nous-mêmes : dans la même situation, bien sûr, nous aurions dit la vérité…

Quand on n'arrive pas à comprendre le menteur, c'est que l'on oublie volontairement la mécanique de nos propres mensonges…

Dans l'affaire d'Outreau, j'ai eu l'occasion d'expertiser un des enfants qui avaient faussement accusé de pédophilie un certain nombre d'adultes de leurs connaissances, le prêtre, le chauffeur de taxi, le boucher, l'huissier…

Ce gamin de onze ans, intelligent et vif, me raconta comment il avait été entraîné dans le cycle infernal du mensonge. Il pensait que les premiers dénonciateurs, ses copains, avaient bien été violés par leurs parents et leurs voisins. Mais bientôt, un petit jeu malsain s'est insensiblement mis en place dans la bande de gamins.

— Moi aussi, j'ai été violé, dit l'un.

— Mais moi aussi, répondit l'autre.

— Et moi, et moi, et moi…

Comme une traînée de poudre, comme une espèce d'épidémie, chaque enfant accusait un peu tout le monde par imitation, sans trop se rendre compte de la gravité du mensonge.

Le garçon me raconta alors comment il n'avait pas réussi à sortir de son mensonge. Le policier qui l'avait interrogé l'avait menacé, histoire de faire avancer l'enquête.

— Attention, mon petit, si tu mens, c'est très grave, tu iras en prison !

Ce gosse a pris au premier degré les injonctions du policier. Dès lors, il était urgent pour lui de ne pas se rétracter.

— Des fois j'avais envie de dire la vérité, mais je me disais que j'allais être obligé d'avouer que j'avais menti une première fois…

— Vous ne vous êtes pas dit que tous ces gens allaient en prison à cause de vous, inutilement ? ai-je demandé.

— Si, mais j'avais trop peur, je pensais que le ciel me tomberait sur la tête si j'avouais que j'avais menti.

Pour que les gens reviennent sur leur mensonge, il faut un peu les détendre, sinon la machine s'emballe et les conséquences du mensonge deviennent imprévisibles.

Dans une autre affaire, plus récente, la mère de la petite Fiona a prétendu que sa fillette de cinq ans avait disparu alors qu'elle-même somnolait dans un jardin public de Clermont-Ferrand. Devant les caméras de toutes les chaînes de télévision, la mère éplorée sanglotait de manière déchirante… Quelques mois plus tard, on apprit que cette mère, au moment où elle jouait cette scène, savait pertinemment que sa fille était morte sous les coups.

Des journalistes m'ont interrogé pour tenter de comprendre comment une mère pouvait agir ainsi. S'agissait-il d'une grande perverse, d'une grande mythomane ?

Comme l'acte paraît impensable, la mère si bonne comédienne semblait inhumaine, et les gens ont plaqué sur elle tous les excès… avant que l'on apprenne que son compagnon était impliqué dans l'affaire.

À l'heure où nous mettons sous presse, comme on disait autrefois dans les journaux, nous ne pouvons pas aller plus loin. Le corps de la petite n'a pas été retrouvé. Qui a porté les coups mortels ? La mère ? Le compagnon de celle-ci ? Les dépositions de l'une et de l'autre sont contradictoires. Les deux protagonistes ont été mis en examen pour coups mortels aggravés et encourent une réclusion criminelle de trente ans. Deux éléments restent certains : la mort de l'enfant et les mensonges répétés de la mère.

Pour démonter la logique du mensonge, cette espèce de mécanique inéluctable, reprenons la scène, séquence par séquence…

Un adulte frappe un enfant, celui-ci tombe mal, il meurt. L'adulte voulait-il tuer l'enfant ? Peut-être, peut-être pas. Dans de nombreux cas que j'ai pu expertiser, il n'y a pas eu de volonté homicide.

Un coup mal contrôlé, et cet adulte ponctuellement maltraitant a basculé dans une vie autre, celle où il est un parent, un beau-père devenu criminel, une mère qui a tué son enfant. Et cette vérité lui fait peur.

À cet instant, l'attitude normale consisterait à appeler la gendarmerie afin d'avouer le geste. Il y a eu un coup, sa tête a heurté le sol en tombant, je ne voulais pas la tuer… Tout est difficile, mais tout est simple.

En revanche, si l'on cherche à dissimuler la vérité, tout se complexifie. Dans un premier temps, il faut faire disparaître le corps, l'enterrer à la sauvette ou le jeter dans une benne à ordures. Dans un deuxième temps, on s'inquiète : que vont penser les proches, les voisins ? Alors vient le troisième temps, celui du scénario à inventer.

On le voit, une mécanique terrible s'est mise en marche après le mauvais choix initial : celui de ne pas appeler les gendarmes. On a enterré l'enfant, et après ? Il faut inventer quelque chose… une disparition ? On cherche sur Internet de semblables drames pour coller à une certaine réalité. Ensuite, plus compliqué encore, il faut jouer le scénario dans le champ social.

Comme nous sommes dans le monde moderne, celui des médias, la mère doit venir pleurer sincèrement devant les journalistes, elle doit lancer des appels d'une voix étranglée, elle doit implorer le pays tout entier de l'aider à retrouver sa fillette.

Puis vient la chute de l'histoire, le clap de fin, le dernier temps, celui où les mensonges de la mère sont mis au jour…

Le spectateur, lui, voit deux images atroces. À gauche sur l'écran, une mère pleure en prétendant que son enfant a disparu. Sur la partie droite de l'écran, une mère démasquée dont on est assuré maintenant qu'elle savait que sa petite fille était morte. Le spectateur est saisi, il trouve incompréhensible cette attitude de tragédienne. Finalement, il estime inhumain de mentir à propos d'une enfant assassinée.

Moi, je songe à cette autre mère qui avait tué son enfant et m'avouait dans un accès de désespoir :

— Le soir, je pleurais à chaudes larmes en pensant à la mort de ma fille.

Avec la mère de Fiona, avec d'autres mères, nous sommes devant des personnages qui ont des failles sans doute, mais qui n'ont ni une perversion marquée ni une problématique diabolique. Simplement, à partir d'un mauvais choix, celui du masque et de la négation, elles ont été contraintes d'entrer dans l'enchaînement du mensonge, tempête démoniaque qui les a enfoncées à chaque vague nouvelle.

Bien sûr, la mère de Fiona et son compagnon, qui a au moins participé à l'ensevelissement du corps, ne sont pas tout à fait des êtres « normaux ». Mais ils sont banalement humains. Seulement, ils ont eu la malchance de nier, de mentir, de s'enferrer... Ils ont menti avec leur histoire, qui s'est alors muée en dramaturgie sociale, alors que beaucoup d'entre nous sommes pris dans nos petits mensonges du quotidien au sujet de petits faits insignifiants. Mais des mensonges tout de même, avec la même mécanique.

Pour comprendre le mensonge, la clé est moins dans la personnalité du menteur que dans la mécanique diabolique mise en place : le mensonge entraîne le mensonge et enfonce petit à petit le menteur.

Dans ma carrière, j'ai vu plusieurs mères qui en étaient venues à tuer leur enfant. Nombre d'entre elles se sont confiées à moi.

— Parfois, j'y pensais, j'en avais marre, j'avais envie d'avouer, m'ont-elles dit bien souvent.

Elles voulaient tout arrêter, mais elles étaient enfermées dans la prison du mensonge.

Face à la mère de la petite Fiona, nous sommes dans l'incompréhension totale parce que l'on ne voit que l'image de la comédienne enfoncée dans son message larmoyant. Si l'on pouvait apercevoir l'intérieur de cette mère, son déchirement… On peut être une actrice convaincante, prétendre que son enfant a disparu, et se sentir secrètement rongée à l'intérieur. Le mensonge, c'est dur, c'est coûteux.

À certains moments, la mère s'effondrait, elle n'en pouvait plus. Mais cela, le public ne le voyait pas. Le téléspectateur n'avait accès qu'à l'aspect effrayant de son comportement. Donc, tout naturellement, il projeta sur cette femme l'image d'une mère diabolique, d'une mère manipulatrice, d'une mère perverse, alors qu'elle était aussi la victime de son mensonge et de la spirale terrible dans laquelle elle avait été entraînée. Spirale dont on ne peut sortir, volontairement, que par une attitude héroïque. Mais qui oserait dire : je vous ai menti ?

Il faut revenir ici à l'histoire, hors norme, de Jean-Claude Romand. Cet homme avait soi-disant fait des études de médecine. Sa femme, ses parents, ses voisins, tout le monde croyait qu'il était médecin, qu'il allait toujours travailler à l'Organisation mondiale de la santé à Genève… une vie de mensonges.

Nous sommes étonnés qu'un tel mensonge ait pu tenir une vingtaine d'années. C'est fou ! Étonnement romanesque devant une histoire incroyable !

Mais si le mensonge n'avait pas fonctionné, si quelqu'un de son entourage avait eu des doutes, si le menteur avait été démasqué plus tôt, l'aventure aurait été moins tragique, et il n'aurait pas eu besoin de tuer toute sa famille pour cacher encore son mensonge.

On voit, là aussi, le tragique du mensonge pris pour une vérité. Plus le temps passe et plus la situation empire, plus le menteur s'enfonce, il ne pourra s'en sortir que par la tragédie.

Finalement, il y a une morale à cette histoire. Une morale qui nous concerne tous, à notre petit niveau.

Le mensonge se paye toujours. La mécanique du mensonge est un boomerang qui fracasse le menteur.

Les histoires que je viens de rapporter ne sont pas toutes équivalentes, bien sûr. Romand est sans doute la personnalité la plus originale de tous ces cas, la mère de Fiona se situe dans une relative banalité… Banals ou excessifs, ces personnages se sont tous laissés enfoncer dans le mensonge ! Il y a quelque chose d'atroce dans ces faits divers, mais le lecteur, l'observateur, le spectateur oublie volontiers qu'il est aussi un menteur pour ces petites choses qui font le quotidien.

J'ai d'ailleurs utilisé ce concept de mensonge pour tous dans ma consultation. Avec mon équipe, nous avions pris en charge des patients qui niaient et réfutaient la vérité. Ils avaient commis des actes transgressifs, ils s'étaient montrés agressifs et violents, et nous ne pouvions les prendre en charge pour un travail efficace que s'ils reconnaissaient les faits.

Mais ils niaient, et le psychiatre était sans moyen. Pour comprendre les menteurs, il faut avoir analysé en nous des moments où nous avons, nous aussi, nié l'évidence. Si l'on renonce à analyser la manière dont on peut être amené à mentir dans la vie courante, on ne peut pas comprendre le mensonge des autres.

Une partie de mon équipe ne voyait pas comment faire, comment aborder ces menteurs, comment les analyser, comment les comprendre... En pleine réflexion, le silence s'est installé dans le cabinet. À ce moment-là, un peu comme un maître zen, j'ai lancé cette injonction à mes collaborateurs :

— Analysez vos propres mensonges.

Que voulais-je dire ? Pour comprendre certaines personnalités, il faut se sentir libre sur ses propres mensonges. Certes, il s'agit, chez nous, de mensonges ordinaires, de mensonges de la vie quotidienne, de mensonges sans grands enjeux, de mensonges dont on revient, de mensonges pardonnables...

Mais quand on commence à mentir, la mécanique s'enclenche et, finalement, on est toujours le dindon de sa propre farce.

12
Peut-on changer ?

Puis-je changer ? Puis-je changer les autres ? Puis-je changer ma compagne, mon compagnon, mes enfants, mes parents, mes collaborateurs, mes collègues, mes amis ? Efforçons-nous d'abord d'être plus lucides, plus clairs sur nous-mêmes.

Soit on est content de soi, alors pas de problème. Soit on a décodé des traits que l'on voudrait modifier. Se montrer clairvoyant sur soi-même est source d'évolution.

Savoir prendre des risques

Certains se montrent tellement autodévalorisés que le moindre risque semble impossible à prendre.

— Je ne demande jamais rien parce que j'ai peur qu'on me dise non, pourrait dire le sujet névrotique.

Cette situation peut concerner bien des situations de la vie courante. Une jeune fille me plaît, mais je ne lui envoie aucun signal, j'ai tellement peur de la voir me repousser. Je pense que je travaille bien au bureau, mais je ne vais pas voir mon patron pour lui demander une augmentation, je crains son refus. Il y a un poste intéressant disponible dans mon entreprise, mais je ne postule pas… Avec une telle disposition d'esprit, je n'ai aucune chance de trouver l'amour, aucune chance d'évoluer dans mon métier.

La vie est comme un jeu : seuls ceux qui jouent ont des chances de gagner.

Vous avez tendance à vous dévaloriser ? Alors raisonnez-vous, répétez après moi : « Ose, non parce que tu vas gagner à tous les coups, mais parce que tenter sa chance fait partie du jeu ! »

À partir du moment où l'on considère l'échec comme une pierre nécessaire à la construction, comme un événement banal dans l'ordre des choses, on peut avancer. Cela me rappelle le discours d'un de mes patients.

— Je ne comprends pas, me disait-il, je connais un type qui tente sa chance à chaque occasion avec les filles, il se prend un râteau, il se relève, même pas mal…

Pour mon patient, cette plasticité était impensable. Lui, quand il subissait un échec, il restait abattu et mortifié pour longtemps. En définitive, il n'osait plus essayer ; aborder une fille, lui parler semblait une épreuve hors de sa portée… Sur l'autre, en revanche, le refus de la demoiselle glissait comme de l'eau sur les plumes d'un canard, et il se relançait immédiatement. Une attitude totalement incompréhensible pour mon patient.

Quand la peur de l'échec envahit tout, on ne tente plus, on n'avance plus. L'évolution, c'est de tenter sa chance en dédramatisant l'échec. Je veux reprendre ici un mot de psy dont on a abusé : « castration ». Le manque, le négatif, le repli sont de l'autocastration !

Si j'interprète, consciemment ou non, mon échec comme une blessure radicale

d'amour-propre, je préférerais me retirer de la course et abandonner aux autres la traumatisante percée vers une hypothétique réussite.

Certaines personnes sont trop casanières dans leur relation aux jeux de la vie. Et il y a l'autre excès… Celles qui jouent sans arrêt, qui essayent tout et tout le temps. Quelle absurdité, aussi, de tenter sa chance sans être préparé !

J'avais deux amis, l'un était introverti et ne se risquait jamais à la drague. L'autre, au contraire, était un séducteur systématique. Il ne s'offusquait pas des refus, nombreux, qu'il essuyait. Il repartait aussitôt à l'attaque avec courage et détermination !

Et moi, dans tout cela ? J'observais l'un et l'autre, le timide et le dragueur, j'étais à la croisée de leurs chemins, et ils me paraissaient tous deux extrêmement curieux.

Un jour, l'audacieux me proposa de venir avec lui.

— Viens, je vais te montrer comment on fait !

Et nous sommes partis à l'aventure. Il arrêtait toutes les filles qui passaient, traversait la rue pour courir derrière les plus belles.

— Tu veux sortir avec moi ce soir ? demandait-il.

Mais ce dragueur était un dragueur tendance méchante. Quand la fille refusait ses avances, il se mettait à l'insulter, grossièrement… Pour moi, cette expédition au bout de la drague a révélé une forme de personnalité que je ne connaissais pas et dont je ne soupçonnais même pas l'existence. Je ne suis jamais retourné écumer les rues en sa compagnie.

Est-ce lui, est-ce un autre qui tentait sa chance avec une femme de notre connaissance ? Et moi, sage observateur, je voyais bien que la dame était follement amoureuse d'un autre. Mon ami le savait comme moi. Son comportement me semblait fou, inapproprié, d'une mégalomanie délirante…

Il peut y avoir de l'excès dans la peur de toute demande, et de l'excès dans la demande inadaptée. Je pense qu'il y a un rapport à la vie qui passe par des prises de risque… Demander, c'est toujours prendre un risque. Il faut s'entraîner à accepter le minimum de risque qui fait partie de la vie.

Contrôler son impulsivité

« Je suis susceptible, méfiant, impulsif… » Ah bon ? Le fait de porter sur soi un regard lucide et de nommer ainsi son trait de caractère est déjà de bon augure, premier mouvement du changement. Ensuite, l'impulsif doit analyser les moments où il sent monter la colère. Avant même que viennent l'irritation, les cris, les insultes, les coups, il y a la situation mal analysée, mal interprétée : l'autre me veut du mal…

L'interprétation de l'impulsif va évidemment créer une souffrance, parce qu'il interprète le comportement de l'autre comme volontairement hostile. C'est le vécu même de la dynamique paranoïaque.

Quand on est parano, on interprète à tort, et de façon subjective, le comportement de l'autre, le désir de l'autre, l'attitude de l'autre, le regard de l'autre, les paroles de l'autre. Et quand j'interprète l'autre comme voulant me nuire, comme voulant me détruire, je suis surtendu et je finis par penser que l'autre mérite mes violences. Après avoir admis ses propres excès, on peut en venir à réviser ses interprétations et à admettre qu'elles risquent de dérailler dans la démence. Ensuite, on tentera le contrôle de l'impulsivité, par une maîtrise de soi, bien sûr, mais aussi par le choix d'un autre comportement.

On voudra peut-être y voir le degré zéro du changement, mais dans sa simplicité, la méthode Coué se révèle très efficace, au moins pour ceux qui parviennent à l'appliquer. Émile Coué, pharmacien à Nancy, a développé cette méthode d'autosuggestion que l'on a caricaturée par cette phrase à répéter jusqu'à ce qu'on finisse par y croire : « Tous les jours, à tous points de vue, je vais de mieux en mieux. »

D'autres s'autosuggèrent différemment : quand ils se sentent trop tendus, ils s'en vont, ils s'isolent. C'est le début de la sagesse, et ils agissent ainsi envers eux-mêmes comme les psys face aux patients trop explosifs. Ils les isolent, ils les calment, ils les contiennent.

Si l'on parvient à s'isoler au moment du clash, c'est le premier stade. Si l'on peut ensuite obtenir la maîtrise de soi, tenir en respect sa propre irritabilité, c'est encore mieux. Car l'impulsivité peut forcément évoluer avec le self-control, les arts martiaux, enfin toute forme de maîtrise du corps. Dans cette logique, un certain nombre de psys en sont venus à penser que, même si c'est un peu cher payé, il semble parfois judicieux de mettre ces personnages incontrôlables sous traitement sédatif. Une telle pratique est recommandée pour des sujets particulièrement explosifs, notamment quand ils sont hospitalisés après des troubles du comportement, au moins le temps que leur psychisme développe des capacités de contrôle.

Déplacer le centre du monde

Et les extravertis trop démonstratifs ? Ceux qui se prennent pour le centre du monde, qui ont besoin de séduire, qui attirent l'attention sur leur petite personne… Au théâtre, au cinéma, sur les plateaux de télévision, ils sont fascinants, mais dans la vie quotidienne, malheureusement, ceux qui leur ressemblent sont généralement moins drôles, moins flamboyants, et encore plus centrés sur eux-mêmes.

Si vous sentez que vous en faites trop, votre travail sera d'apprendre à « la mettre en veilleuse », comme on dit vulgairement. Et vous éviterez ainsi le boomerang qui vous guette…

Je me rappelle ce collègue au cours d'un colloque. Parce qu'il n'était pas installé à la tribune, il intervenait de la salle pour poser ces questions, mais conservait le micro durablement… Au début, comme il essayait d'attirer l'attention en tenant un discours amusant, il réjouissait la galerie, le public était avec lui et l'encourageait. Et puis, il y a eu un moment de transition, les gens l'écoutaient toujours, mais en espérant qu'il allait se taire, et qu'on allait passer à une autre question. Quand enfin le président de la séance lui cloua le bec, il insista avec véhémence.

— Laissez-moi parler, on me censure ici !

Il se mit en colère. Inutilement. Désormais, toute la salle était contre lui. Cette salle qui se retourne contre l'amuseur et l'amuseur qui s'accroche à son micro me semblent une belle image d'un comportement hystériforme et de ses conséquences.

Au début, celui qui attire l'attention peut amuser, mais après ? À moins qu'il ne soit désopilant de créativité et d'humour, il finit par lasser, et chacun cherche à le faire taire.

Si vous avez la lucidité de comprendre que vous appréciez un peu trop de vous mettre en avant, il faut analyser l'excès que vous déployez, craindre le choc en retour, et admettre finalement que, de temps en temps, il vaut mieux rester dans le silence. Cela veut dire apprendre à écouter, regarder les autres, apprécier les autres… Dès le moment où votre lucidité prendra le dessus, vous serez mûr pour le changement.

Se débarrasser d'un trait de caractère trop prégnant

Pour cela, il faut déjà en prendre conscience. Et en rire, au besoin : c'est déjà faire un mouvement pour s'en extraire. Et après, il faut oser manifester le contraire de sa tendance prégnante. Ça, c'est le début de la victoire sur soi-même… et du succès parmi les autres.

Une femme se dit :

— Je pourrais aimer cet homme, mais il est un peu trop timide.

Et soudain, elle le voit en train d'oser, en train d'accomplir un acte de bravoure… Quand on parvient à étonner l'autre, tout devient possible. De la même manière, lorsqu'un extraverti, qui cherche généralement à occuper tout l'espace, se met brusquement à l'écoute des convives, lorsqu'il arrive à jouer avec son image, à incarner son contraire, il manie avec habileté la problématique du changement et la logique de la complexité.

Au début, on s'amuse, par jeu, à incarner le contraire de soi-même. Puis on finit par trouver du charme et un sens à cette école du changement.

D'ailleurs, pour les acteurs, le théâtre enseigne, soir après soir, cette aptitude au changement. Que nous disent ces comédiens ? En interprétant des rôles de personnages qui sont mes contraires, ou qui sont loin de moi, ou qui représentent des personnalités que je ne pourrais pas être, je m'enrichis, je complexifie mon personnage.

Pour un timide, il n'est pas facile d'emblée de jouer à l'extraverti. Pour un extraverti, il est compliqué de mimer un personnage inhibé. Pour changer, il faut une sorte d'autoprogrammation… Programme thérapeutique ou programme plus ludique, peu importe.

Le défi est toujours le même : se connaître soi-même, puis se montrer un peu joueur pour se glisser dans la peau de son contraire ou tout au moins d'un être différent.

Jouer à être quelqu'un d'autre, s'intéresser à quelqu'un qui n'est pas comme soi sont des éléments qui vont dans la dynamique du changement.

Aider les autres à changer

Un regard différent, moins égocentré, nous permettra de comprendre les autres pour essayer de les aider à changer. La plupart d'entre nous approchons régulièrement un certain nombre de personnages qui ont des traits de caractère accentués et nous compliquent la vie. Comment faire avec eux ?

Quand les relations ne sont pas simples, nous sommes nombreux à nous demander si nous pouvons agir pour changer l'autre… C'est par exemple le cas d'un parent qui voudrait aider un enfant trop timide, ou trop instable ou trop impulsif. C'est le cas aussi en milieu professionnel, quand on cherche à atténuer l'impact d'un collègue un peu trop dominateur, trop directif, trop autoritaire, trop harcelant.

Une fois évalués le comportement, la dynamique, le tempérament, les traits de cet autre problématique, peut-on modifier un peu le cours des choses ?

Quand les situations sont relativement simples, il s'agit de jouer, sans en avoir l'air, le rôle d'un psy ou celui d'un éducateur… Deux façons de s'y prendre pour changer son enfant ou son collègue !

On peut aider l'autre en accompagnant sa compréhension de lui-même ou en lui apprenant de nouveaux comportements. Souvent, ces deux attitudes sont complémentaires.

Selon moi, dans une dynamique de changement, la psychothérapie et l'éducation doivent s'ajouter, se compléter, s'amalgamer.

Il existe des techniques thérapeutiques, psychodynamiques ou d'inspiration analytique, qui aident les patients à mieux se comprendre. Et l'on espère que, s'ils se comprennent mieux, ils changeront plus facilement.

Dans d'autres techniques, plus organisées, que nous avons déjà rencontrées, le thérapeute accompagne son patient et l'encourage à vaincre des difficultés successives. Au fond, il en va du travail sur le caractère comme de l'entraînement sportif : on essaie de fractionner l'effort et, par un entraînement, de faire monter le patient ou le champion sur le podium de la réussite.

Comprendre et éduquer, comprendre et se glisser dans de nouveaux comportements sont des éléments profondément complémentaires.

Dans cette tentative de changer l'autre, on peut se demander s'il existe une psychologie populaire pour nous aider… Certes, les théories de psy permettent d'approfondir un certain nombre de fonctionnements, mais je pense aussi que beaucoup de vérités, qui se théorisent de façon compliquée, sont présentes dans les proverbes, dans le langage et la sagesse populaires, dans des formules imagées de la vie quotidienne…

Après la pluie vient le beau temps.
Pierre qui roule n'amasse pas mousse.
Les petits ruisseaux font les grandes rivières.
Rome ne s'est pas faite en un jour.
Tout vient à point à qui sait attendre.
Chat échaudé craint l'eau froide.

Et l'on pourrait continuer comme ça longtemps… De nombreux proverbes et éléments de sagesse populaire pourraient être décodés comme des théorisations profondes : ils reflètent un regard sur soi-même ou sur l'autre qui est contenu dans l'expérience que l'on acquiert tous en vivant dans sa propre peau et en regardant autour de soi s'agiter le petit monde des humains.

Quel âge pour changer ?

Évidemment, il est plus facile de changer à seize ans qu'à soixante-dix. À un moment donné, on a même beaucoup entendu le monde psy dire que tout était joué à l'âge de cinq ans ! En tout cas, en ce qui me concerne, quand j'étais jeune psychiatre, on m'a dit et répété cette antienne. Ensuite, des courants plus évolutionnistes ont montré que la vie est un remodelage permanent, et que rien n'est jamais joué.

Si aujourd'hui, avec les connaissances psys actuelles, nous nous posions la question du changement, de l'âge, du temps qui passe et du moment idéal, nous formulerions ainsi nos interrogations : Est-ce qu'il y a des périodes de la vie fécondes pour le changement ? Est-ce qu'il y en a d'autres où il est trop tard, où l'on ne changera plus ?

Bien sûr, il y a pour chacun d'entre nous des tendances profondes que l'on n'abandonne pas facilement, mais on trouve à tout âge une flexibilité qui permet de changer.

On voit autour de nous des gens qui restent fidèles à eux-mêmes jusqu'à la fin de leur vie… Celui qui ne change pas ses traits de caractère avant la cinquantaine, pourquoi irait-il soudain se décarcasser ? Et encore, pourquoi pas ? S'il en a besoin dans sa trajectoire, si un événement le secoue… Oui, on peut se guérir à tout âge, on peut changer à tout âge.

On pourrait dire, tout de même, que certains moments de la vie sont plus féconds pour le changement : la période de la première vie de l'adulte, c'est-à-dire entre vingt et trente ans. Si l'on souffre de traits saillants, c'est à cet âge qu'il faut concentrer le boulot, mettre le turbo, pour les atténuer, les assagir… Quand on embraye dans la vie d'adulte, on reçoit un certain nombre de signaux dont il serait bon de tenir compte. C'est le moment fécond du changement. Plus tard tout est encore possible, mais de façon plus complexe.

Mais on ne doit pas pour autant, dans une vision simpliste des choses, affirmer de façon péremptoire qu'il faut absolument changer quand on est jeune, car la vie ensuite est sur les rails.

Pour ma part, je préfère une vue plus optimiste, plus créative : il n'y a pas d'âge pour changer.

Le moment où l'on peut changer, c'est le moment où l'on a envie de changer.

13
Comment changer ?

Changer, oui, mais comment ? Cette question, on se la pose pour soi, on se la pose pour les autres.

Et quel changement ? Deux formes de métamorphose sont possibles. D'abord, celle qui semble souhaitable dans notre propre intérêt. Ma timidité me nuit, mon égocentrisme m'éloigne de ma famille, mes traits maniaques me font souffrir et agacent les autres… Changer devient ici une quasi-nécessité.

La seconde forme de métamorphose est celle du renouvellement. J'étais un travailleur discret, aujourd'hui avec mon expérience, je pourrais être un leader dans mon métier… Dans ce cas, le sujet est globalement satisfait de sa vie, mais il a besoin d'un plus. Pour être celui que l'on choisit quand une place se libère, pour être le joueur que l'on va appeler dans l'équipe. Pour progresser tout simplement, il faut faire preuve d'une intelligence, d'une subtilité du changement. Ce n'est pas ici la transformation presque indispensable qui permet d'atténuer un trait de caractère trop intense, mais une évolution utile pour se relancer, surprendre, rebattre les cartes.

Être lucide sur soi-même

La nécessité du changement est acquise, mais comment s'y prendre ?

Première démarche, et tous les chapitres précédents nous y conduisent : faire preuve de lucidité. En effet, on ne peut changer que si l'on identifie une problématique. Tentez de répondre à cette question : dans quel domaine dois-je progresser ?

Il faut porter un regard clair sur le tempérament que l'on veut infléchir.

Quelques lignes de repérage vont vous permettre d'éclairer le chemin.

Sachez maîtriser certains de vos défauts. Gommez, relativisez, rabotez les arêtes de votre caractère, reconnaissez en vous la susceptibilité, la méfiance, l'entêtement, la rancune, l'impulsivité.

Soyez mieux dans votre peau, soignez votre aisance relationnelle, apprenez à être serein avec une seule personne, avec un petit groupe, avec tout un auditoire. Parallèlement, un élément plus interne sera développé : la confiance en vous-même.

Efforcez-vous de limiter votre égocentrisme. Comment ? En vous montrant moins expansif, en écoutant les autres, en vous intéressant à leur fonctionnement psychique, en vous montrant curieux. Bref, en cultivant le goût d'autrui.

Préoccupez-vous de votre éventuelle instabilité. Certaines personnes – elles se reconnaîtront – ne sont pas assez déterminées dans les investissements, elles ont tendance à vite abandonner leurs projets. Tout le challenge sera de devenir plus endurant, plus régulier, plus engagé.

Se fixer un objectif

On peut vouloir être plus à l'aise en groupe, ou se montrer moins autoritaire, ou déminer une image caricaturale de soi-même, selon les cas. L'important est d'identifier distinctement le trait de caractère à améliorer et, s'il y en a plusieurs, de les aborder les uns après les autres.

Pour réussir son changement, il ne faut pas vouloir modifier plusieurs traits de caractère en même temps. Chacun va susciter un travail particulier.

L'objectif doit être précis. Il faut parvenir à décrire en soi, et pour soi, le positif et le négatif de son propre caractère, puis se faire une représentation du changement. Sachez-le, ce changement ne sera pas forcément révolutionnaire. Un grand timide ne se muera pas brusquement en leader de foules ! Bref, votre objectif doit être mesuré.

Si l'on veut changer un conjoint trop égocentré, on n'en fera pas un altruiste façon abbé Pierre. Soyez réaliste, acceptez les paliers du changement. Si dans un groupe de grands timides je fais venir quelqu'un de l'acabit de Bernard Tapie, cette présence incongrue les angoissera plutôt que de les aider à progresser. Pourquoi ? Parce qu'ils constateront que des années-lumière les séparent de ce personnage volubile et se trouveront comme devant un extraterrestre. « Jamais on n'arrivera à ça », songeront-ils amèrement. La confrontation sera donc contre-productive. Pour un timide, changer ce serait déjà ne plus rougir devant autrui, pouvoir simplement prendre la parole devant un tout petit groupe, s'exprimer enfin. Moduler l'intensité de son projet donne une idée plus pondérée, plus raisonnable, du changement.

Deux mots-clés vous accompagneront : humilité et progressivité. Luttez contre la pensée magique qui voudrait vous faire croire que vous pourrez vous métamorphoser sans effort et rapidement.

Vaincre la timidité, par exemple…

Vous vous sentez un peu névrotique, plutôt trop gentil, pas très sûr de vous ? Les autres vous font peur ? Vous craignez de prendre des risques ? Vous avez déjà prononcé, avec regret, au moins une des assertions suivantes :

— Je n'ai pas confiance en moi.

— Je ne tente pas ma chance.

— Je n'ose pas.

— Je me laisse trop faire.

Comment réagir à ces faiblesses ? Je vais y répondre en prenant en exemple global : la timidité, qui détermine si bien et si souvent les caractères discrètement névrotiques.

Premier élément : la timidité doit être prise au sérieux. Parfois, il est vrai, la vie est là pour guérir cette inhibition. Un patient m'a confié :

— J'étais très timide, puis à l'armée j'ai été obligé de parler à tout le monde, cela m'a sorti définitivement de ma timidité.

Une autre a fait un peu le même constat.

— Quand je suis partie de chez mes parents, j'ai été serveuse en boulangerie. Être obligée de me trouver ainsi en situation sociale a résolu ma timidité.

Beaucoup de gens qui sont dans les métiers du commerce disent que finalement, même s'ils gardent une petite timidité au fond d'eux, ils ont, par la force des choses, développé une capacité à entrer en relation avec autrui.

On pourrait en déduire, dans un premier regard, que l'existence guérit, à condition de rester dans le torrent de la vie, à condition d'essayer de rencontrer les autres. À force de vivre et de vouloir vivre, on sort de sa timidité.

Oui, mais… Si la timidité est plus profonde, la vie et les rencontres ne suffisent pas. Il faut alors, méthodiquement, soit seul, soit en se faisant aider, se fixer des objectifs clairs : maîtriser une situation que l'on dominait mal jusque-là, puis une autre en s'imposant des niveaux croissants de difficulté… C'est exactement la façon de procéder de la thérapie comportementale. Par exemple, on dit au patient :

— Pour maîtriser votre aisance devant un groupe, vous allez d'abord parler devant trois personnes, puis, un autre jour, vous chercherez un auditoire de quatre personnes, plus tard de cinq personnes…

On étage ainsi les difficultés et l'on essaie de maîtriser les situations. Toute l'astuce se résume en trois points.

1. Vouloir modifier son trait de caractère.

2. Se fixer des objectifs aux difficultés croissantes.

3. Maîtriser chaque palier avant de passer au palier suivant.

Prenons des situations sociales banales. À un anniversaire, on demande à un timide de prendre la parole. Au bureau, on lui réclame un petit discours pour dire au revoir au collègue qui prend sa retraite. À la faculté, il doit présenter oralement un travail. Souvent, les timides essayent de trouver une solution par eux-mêmes, ils tentent d'apprendre à maîtriser leurs angoisses… et font ainsi une thérapie comportementale sans le savoir.

Se changer soi-même, c'est d'abord faire le diagnostic et le prendre au sérieux. Ensuite, il convient de concevoir, seul ou aidé, une manière de résoudre sa difficulté progressivement, par des petits exercices de la vie quotidienne.

Je peux donner ici un exemple personnel. Quand j'étais jeune, j'ai facilement maîtrisé la relation avec une seule personne. Puis j'ai relativement vite appris à me trouver à l'aise devant un petit groupe de gens que je ne connaissais pas. Ce qui m'a permis de vraiment évoluer et de m'adresser à des auditoires plus vastes, c'est le plaisir intellectuel que je trouvais à donner des cours, et plus tard encore, quand j'ai développé ma propre pensée psy, j'ai découvert un certain plaisir à m'exprimer en faisant des conférences…

Au début, j'étais inquiet de devoir parler devant cent personnes : « Je ne pourrai jamais supporter ces cent paires d'yeux qui me fixent en permanence », pensais-je. Quand un nombre non limité de regards se portent sur vous, on ne peut établir un rapport personnalisé avec chacun. Je devais éprouver quelque chose de très proche du trac que ressentent les comédiens avant de monter sur scène. Je craignais d'être jugé, d'être inintéressant, de paraître un peu tendu…

Entre trente et quarante ans, je suis sans doute passé, sans forcément m'en apercevoir, d'un moment où parler devant un large groupe de personnes provoquait en moi une certaine anxiété au moment où, comme un comédien bien rodé, je trouvais du plaisir à jouer avec la salle, à répondre aux répliques du public, à basculer dans une assurance qui me permettait d'être regardé par beaucoup sans que cela me cause le moindre souci.

C'est en forgeant qu'on devient forgeron.
Qu'on le fasse spontanément, qu'on le fasse
à l'intuition ou méthodologiquement,
sortir de sa timidité est possible.

Beaucoup d'exercices et un peu de plaisir

Le psychanalyste Erich Fromm remarquait, pour le déplorer, que la plupart des gens pensent pouvoir se métamorphoser presque miraculeusement… Ils ont tort. On ne peut jamais changer sans constance et sans effort. Dans le psychisme comme à l'école, dans son métier comme dans les relations humaines, il faut apprendre, travailler, avancer pas à pas… Ici, il s'agit de s'éduquer à une autre manière d'être.

Les gens projettent souvent sur les personnes célèbres une image de facilité et d'aisance : celui-là a réussi parce qu'il est bourré de talent. Comme si tout lui venait naturellement, par une sorte de don tombé du ciel. L'habileté de Fabrice Luchini à jouer avec les mots semble innée, naturelle, improvisée… Illusion ! Il explique lui-même qu'il a travaillé d'arrache-pied sur les textes pour s'en pénétrer, pour pouvoir les recréer, les dire, les faire flamboyer. Le talent impose le travail répétitif. Thomas Edison disait : « Le génie, c'est un pour cent d'inspiration, quatre-vingt-dix-neuf pour cent de transpiration. »

Dans une interview vérité au *Financial Times*, Carlo Ancelotti, ancien entraîneur du Paris-Saint-Germain, a fait cette surprenante révélation :

— Les Français n’avaient pas une mentalité de gagnants. L’entraînement était à 11 heures. Ils arrivaient à 10 h 30 puis repartaient à 12 h 30 ou 13 heures. Changer cela n’était pas facile. Il n’était pas évident de leur dire : « Vous devez rester après l’entraînement, manger sainement, boire sainement, vous reposer. »

En clair, les joueurs français refusaient de se plier à la discipline nécessaire pour faire une grande équipe. Pensaient-ils que le talent suffirait ? Si c’était le cas, ils ont été bien déçus. On peut avoir une souplesse naturelle, un don de jonglage avec un ballon, mais dans le sport de haut niveau, celui qui ne s’entraîne pas physiquement au quotidien et qui ne développe pas un mental solide n’a aucune chance.

Dans le domaine du psychisme comme dans celui de l’activité musculaire, on ne progresse pas sans exercice. Définir des exercices de vie, les répéter… voilà des manières d’atteindre le but.

Toute l’intelligence consistera à définir les bons exercices. Pour progresser, il faut établir une stratégie, un programme. En musique on doit faire ses gammes… Vous aussi allez devoir en faire, adaptées à votre cas. Comme il y a des gammes – et des progressions – pour les timides, il y en a pour les phobiques, les égocentriques, les maniaques non pathologiques, pour tous les « traits de caractère » trop intenses qui vous empoisonnent la vie et gâchent celle des autres. Mais il convient également de ne pas oublier de faire une place au plaisir ! Tout effort est contraignant, mais il faut saisir dans vos petites gammes ce qui est amusant, ludique, plaisant.

On le voit, d’ailleurs, dans les régimes amaigrissants. Pour perdre du poids, le principe est simple : diminuer les entrées, augmenter les sorties. Mais si on habille cette technique de petits éléments magiques, agréables, si l'on permet le chocolat, par exemple, ou si l'on autorise un bon steak de temps à autre, on distille un peu de plaisir… et l'effort devient plus léger ! Peu d'êtres humains sont capables d'investissements durs à long terme. Nous ne sommes pas des héros, nous avons besoin de plaisir.

À vos gammes, donc ! Et ces gammes, il faut les répéter. On insiste sur cette répétition nécessaire dans la musique, mais il en va de même quand on veut travailler sur les traits de la personnalité. Le timide parlera, l'expansif se taira… Pour que le changement soit réel, cette idée de continuité alliée à la persévérance me semble fondamentale.

Peut-on changer sans aide ?

Est-ce qu'on peut changer seul ? A-t-on besoin d'un coach ? Est-ce qu'on peut être le coach d'un proche ? Coach, éducateur, thérapeute… tous ces mots nouveaux ou anciens recouvrent la même réalité : prendre l'autre par la main pour qu'il modifie son image et finalement avance plus sereinement sur le sentier de la vie. Mais aujourd'hui, on dit plutôt « coach », terme hyper-tendance.

Dans mon long regard sur les êtres humains, j'ai vu des gens changer par eux-mêmes, sans l'aide de personne, mais ils constituent tout de même une extrême minorité.

Je donnerai un exemple personnel : j'ai subi une opération assez lourde… Alors que je suis d'un caractère plutôt dynamique, j'ai trouvé très agréable de laisser ma compagne devenir mon coach de malade. Quand on a confiance en l'autre, se mettre en position de réceptivité est à la fois plaisant et efficace.

Le coach, c'est quoi ? Pour un élève, c'est le prof particulier. Pour un homme influent, c'est le conseiller. Pour un sportif, c'est l'entraîneur.

Le coach doit-il être obligatoirement un professionnel ? Le coach est d'abord celui dont on accepte le coaching.

À la recherche du coach idéal

Le changement, le sien, celui des autres, est toujours ambitieux. Se pencher sur l'autre, s'occuper de l'autre demande d'assumer d'être un peu le coach de celui dont on cherche à modifier le trait de caractère.

Aujourd'hui, dans les logiques de coaching, c'est-à-dire d'accompagnement, on peut trouver des techniques de prise en charge qui supposent cette proximité entre le soignant et le soigné. Le psychiatre se trouve avec le patient, y compris quand il pique ses colères ou quand il bafouille de timidité, car il est capital de se trouver au côté de l'intéressé quand émerge le comportement problématique… Dans la vie quotidienne, on a parfois besoin d'un modèle pour apprendre par imitation. Le mot « modèle » vous semble un peu vieillot ? On peut le remplacer par « coach », mais cela ne change rien sur le fond.

Moi qui suis fan de sport, j'aime le parallèle que l'on peut dresser entre la vie psychique et le foot ou le tennis. Sur le gazon, toute faute se paye cash, disent les commentateurs. Pour apprendre à maîtriser les erreurs possibles, il faut un coach qui, en permanence, attire l'attention du joueur et éveille sa vigilance. On voit d'ailleurs, au bord des stades, ces coaches s'égosiller…

— Recule, place-toi derrière lui, avance…

Comme si, effectivement, le joueur avait besoin en permanence et dans l'immédiateté de ce regard distancié sur lui-même.

Au tennis, sport plus individualiste, les joueurs de haut niveau ont également un coach qui leur apprend les comportements et les gestes qui leur manquent encore pour gagner une place et progresser.

Dans ce travail d'excellence qu'est le sport de haut niveau, on voit que l'athlète, pour évoluer, a besoin d'être accompagné… Dans la vie, ce n'est pas très différent. Bien sûr, il faut que le coach, le thérapeute ou le psy soit accepté, car souvent l'amour-propre nous fait croire, à tort, que nous n'avons besoin de personne.

En fait, quand on regarde le sport, les coaches et les joueurs, on se dit, un peu abasourdi, que ces athlètes n'ont pas vraiment besoin de conseils. Et pourtant, dans leur recherche de la performance, les champions acceptent d'écouter leur coach ou leur entraîneur… Pour aller plus haut, plus loin.

Modifier son propre comportement est parfois aussi compliqué qu'atteindre la plus haute marche du podium pour un athlète. Pour changer à coup sûr, il faudrait presque avoir un coach à plein temps, il nous suivrait, il serait un peu le commentateur de nos faits et gestes, seconde après seconde. Ce n'est pas possible, évidemment.

-Je pense que les échecs du changement sont souvent liés à un coach ou un thérapeute insuffisamment présent.

Si l'on se fixe comme objectif de changer, on ne peut pas renoncer à cet accompagnement attentif, on ne peut faire l'économie de ce petit mot glissé à l'oreille pour murmurer ce qu'il faut quand il le faut… Ce coup de pouce permet l'amélioration, le changement, la modification du trait.

Comment le changement se manifeste-t-il ?

Un footballeur du Paris-Saint-Germain, Lavezzi, s'est fait photographier avec Ibrahimovic, le joueur star de son équipe, et il a légendé ainsi l'image : « Le meilleur joueur et le pire de l'équipe ». Lui étant le pire, car il avait fait un mauvais match. On a interrogé l'entraîneur, et il s'est déclaré heureux de constater que le joueur lui-même avait pris conscience de ses manques…

Se montrer clairvoyant, accepter les vérités sur soi-même représente le premier niveau du changement. Le deuxième niveau est d'essayer de déterminer les situations qui nous paraissent difficiles. Il faut identifier le contexte des événements qui ravivent le trait à modifier : dans quelle condition vais-je perdre mes moyens ?

Le troisième niveau est celui du travail sur soi, et le quatrième celui de l'acquisition d'un nouveau comportement.

Il faut que les gammes soient travaillées. Le vrai changement survient avec une vraie nouveauté, quand le timide prend du plaisir à parler en public, quand il peut aborder la femme de ses pensées, quand l'égocentré écoute les autres avec intérêt… Tout à coup, une nouvelle manière de vivre s'impose, manière que l'on ne pouvait pas même imaginer auparavant.

Dans un couple, par exemple, lorsque l'un des deux partenaires s'énerve, s'échauffe, déborde un peu trop souvent, le vrai changement pour lui est d'apprendre à dialoguer. Quand ce dialogue n'est plus vécu comme un déplaisir, l'individu est parvenu à une vraie modification de son être au monde.

Mûrir dans sa trajectoire humaine

Accepter de changer, c'est mûrir. Dans le déroulement des rites initiatiques maçonniques, il y a une histoire que j'aime beaucoup. Le candidat maçon a les yeux bandés, il entend des bruits, des pas, la scène est dramatisée. Soudain, le bandeau est retiré et le maître prononce ces mots :

— Retournez-vous et vous verrez votre pire ennemi.

L'homme se retourne et se trouve face à un miroir… Il se voit lui-même !

Cette mise en scène renvoie au proverbe « Il n'y a pas pire ennemi que soi-même. » Si l'on ne prend pas au sérieux la recherche du « connais-toi toi-même », on finit par le payer au prix fort, quels que soient les traits, qu'ils soient positifs ou négatifs, craintifs ou expansifs…

Dans cette recherche, chacun peut utiliser le décodage des termes employés par les psys, s'approcher des qualités cachées et des défauts invisibles, puis tenter de modifier les traits jugés trop saillants, ceux qui nous compliquent la vie, ceux qui nous font perdre des chances, ceux qui troublent la vie des autres.

Mûrir dans sa trajectoire humaine, c'est ouvrir les yeux sur ce que l'on est, pouvoir en rire, et parfois changer de peau…

Connais-toi toi-même et, s'il le faut,
cherche quand même à changer.

Conclusion

Faut-il être normal ?

Un tempérament humain, c'est un destin, un souffle, un désir, une direction, une intuition. Il n'y a pas de dynamique gratifiante sans un mouvement destiné à développer son talent, exprimer sa vision, imposer sa trajectoire.

La normalité peut-elle s'insérer dans ce projet ? Et quelle normalité ? Elle se dérobe à toute analyse, à toute définition, comme nous en a convaincus notre plongée dans les différentes formes de personnalité. La normalité serait-elle si fade et si conforme que l'on ne pourrait y voir qu'un continent couleur muraille ? Retouchons ce portrait un peu triste, ajoutons-y quelques grains de folie et quelques grains de génie... Autrement dit, saupoudrons-le d'un zeste de créativité ! La créativité, c'est inventer sa vie, progresser, parfois se métamorphoser. Bien vivre sa normalité, c'est l'égayer, la réveiller de tout ce que nous acceptons d'être.

Alors, oui, la normalité peut se révéler vivante et féconde, à condition d'y faire une place à ces qualités de l'esprit, généralement invisibles au premier abord : l'authenticité, l'écoute, l'autodérision, l'assurance tranquille, l'humeur égale... À condition aussi de gommer ces défauts cachés qui sont autant de boomerangs capables de nous fracasser : l'inconstance, l'hésitation, l'indolence...

Mais allons plus loin dans les circonvolutions de notre personnalité. Nous avons tous quelques traits de caractère sur lesquels nous devons apprendre à pianoter. Timide ou mégalo, maniaque ou névrosé, pourquoi ne pas rebondir sur ces particularités ? Encore faut-il savoir s'en servir ! Les pistes que j'ai données devraient vous y aider.

Si vous acceptez de reconnaître en vous vos propres tendances, si vous consentez à raboter un peu ces grains de folie qui risquent de vous nuire, si vous faites une place aux grains de génie, vous y trouverez une force de vie pour avancer et vous relancer.

La normalité apparaît ainsi telle qu'elle doit être : une capacité lucide de jouer avec ses propres traits de caractère en les assumant, en les maîtrisant. Travaillez, modifiez vos grains de folie et, finalement, lancez-vous dans la vie grandeur nature. Prendre la parole, s'exprimer, attirer les regards, c'est de l'hystérie, nous disent les psys. Mais peut-on vivre sans séduction ? Rêver trop grand, c'est de la mégalomanie, insistent ces mêmes psys. Mais que serait l'existence sans rêves du tout ?

Table des matières

Imprimé en Allemagne par GGP MEDIA GMBH
pour le compte des éditions Marabout (Hachette Livre)
58, rue Jean-Bleuzen 92178 Vanves Cedex
Achevé d'imprimer en avril 2016
Dépôt Légal : mai 2016

978-2-501-10016-8
8500145 / 01